首都圏版㉗ 最新入試に対応！ 家庭学習に最適の問題集!!

# 西武学園文理小学校
# 開智所沢

# 2025年度版 過去問題集

2021/2023~2024年度 実施試験 計3年分収録

開智所沢小学校は2024年度のみ

プリント式!!

すべての問題に
アドバイス付き!

### 問題集の効果的な使い方

①学習を始める前に、まずは保護者の方が「入試問題」の傾向や、どの程度難しいか把握をします。すべての「アドバイス」にも目を通してください。
②各分野の学習を先に行い、基礎学力を養いましょう！
③力が付いてきたと思ったら「過去問題」にチャレンジ！
④お子さまの得意・苦手がわかったら、その分野の学習を進め、全体的なレベルアップを図りましょう！

厳選!

## 合格必携 問題集セット

### 西武学園文理小学校

| | |
|---|---|
| 図 形 | Jr. ウォッチャー ❺「回転・展開」 |
| 言 語 | Jr. ウォッチャー ⓱「言葉の音遊び」 |
| 常 識 | Jr. ウォッチャー ㉞「季節」 |
| 言 語 | NEW ウォッチャーズ 私立言語①・② |
| 記 憶 | お話の記憶 初級編・中級編・上級編 |

### 開智所沢小学校

| | |
|---|---|
| 推 理 | Jr. ウォッチャー ㉛「推理思考」 |
| 言 語 | Jr. ウォッチャー ㊳「たし算・ひき算」 |
| 図 形 | Jr. ウォッチャー ㊽「鏡図形」 |
| 推 理 | NEW ウォッチャーズ 私立推理①・② |
| 図 形 | NEW ウォッチャーズ 私立図形①・② |

日本学習図書 ニチガク

私たちにおまかせください！
＼問題集をしていて指導方法がわからない方／
無料
Web学習
サポートサービス
問題集に指導サポートがついているのは、ニチガクだけ！

## こんなこと…ありませんか？

「ニチガクの問題集…買ったはいいけど、、、
この問題の教え方がわからない（汗）」

## メールでお悩み解決します！

- ☆ ホームページ内の専用フォームで必要事項を入力！
- ☆ 教え方に困っているニチガクの問題を教えてください！
- ☆ 確認終了後、具体的な指導方法をメールでご返信！
- ☆ 全国どこでも！ スマホでも！ ぜひご活用ください！

＜質問回答例＞

**アドバイス**

推理分野の学習では、後の学習に活きる思考力を養うことができます。ご家庭で指導する場合にも、テクニックにたよらず、保護者の方が先に基本的な考え方を理解した上で、お子さまによく考えさせることを大切にして指導してください。

Q.「お子さまによく考えさせることを大切にして指導してください」と学習のポイントにありますが、考える習慣をつけさせるためには、具体的にどのようにしたらいいですか？

A. お子さまが考える時間を持てるように、質問の仕方と、タイミングに工夫をしてみてください。
たとえば、「答えはあっているけど、どうやってその答えを見つけたの」「答えは○○なんだけど、どうしてだと思う？」という感じです。
はじめのうちは、「必ず 30 秒考えてから手を動かす」などのルールを決める方法もおすすめです。

**まずは、ホームページへアクセスしてください!!**

https://www.nichigaku.jp　日本学習図書　検索

目指せ！合格！

# 家庭学習ガイド
## 西武学園文理小学校

ペーパー　制作　運動　行動観察　親子面接

## 入試情報

募集人数：男女96名

応募者数：男子345名　女子305名

出題形態：ペーパー、ノンペーパー

面　　接：保護者・志願者

出題領域：ペーパー（言語、図形、常識、推理、お話の記憶、数量）、制作、運動、行動観察）

## 入試対策

ペーパーテストは、言語、図形、常識、推理、お話の記憶、数量など、幅広い分野から出題されています。応用レベルの問題が多く出題されており、クロスワードや推理問題などが特に難問と言えます。そうした問題はすべて正解できなくても落ち込む必要はありません。それ以外の問題を確実に正解していけば合格ラインに達することができるでしょう。ペーパーテストの後、制作、運動、行動観察とノンペーパーテストが続きますが、ここでは課題に取り組む姿勢がカギになります。うまくできたかどうかという結果ではなく、どう取り組んだかという過程を大切にしてください。

●小学校入試とは思えない、「難問」が例年出題されています。どう対策すればよいか悩むところですが、基礎を徹底してできる問題を確実に正解するというのも１つの方法です。

●ノンペーパーテストは、例年大きな変化はなく、課題も難しいものではありません。傾向をつかんでおくことは大切ですが、どんな課題を行うかよりもどう取り組むかの方が大切だということを理解しておいてください。

●面接は、保護者と志願者がいっしょに行います。お子さまと充分にコミュニケーションをとって面接に臨んでください。

# 「西武学園文理小学校」について

## ＜合格のためのアドバイス＞

当校は、小・中・高の12年一貫教育の中で「世界のトップエリート」を育てることを目指しています。「英語のシャワー」と例え、力を入れている英語教育など、独自性の強い教育を行っており、系列高校は目覚しい進学実績を誇ります。しかし、「エリート教育＝学力・先取り教育」という安易な内容ではなく、心の教育を重んじ、日本人のアイデンティティを持って世界で活躍できる人材の育成を目指しています。そのために、当校では「心を育てる」「知性を育てる」「国際性を育てる」の３つに教育の重点を置いています。これらの教育の重点は保護者の教育観や人生観が重要になります。ですから、当校を志願する保護者は、当校の教育理念をしっかりと理解するとともに、学校と一体となって子どもを育てていくという意識を持つ必要があるでしょう。

2024年度の入学試験では、ペーパーテスト、制作、運動、行動観察、親子面接が行われました。ペーパーテストの特徴は、段階を踏んだ思考を必要とする複合問題が多く、体験、思考力、観察力、聞く力など、さまざまな力が求められることです。対策としては、具体物を使用して基礎基本をしっかりと定着させた上で、問題集などを利用して学力の伸ばす計画を立てることです。保護者の方は、ご自身で学校の過去問題をじっくり分析し、どのような力が求められているのかを理解した上で、お子さまを指導していきましょう。

面接では、併願校について必ず聞かれるようです。その答えによって合否に影響が出ることはないと思いますが、どう答えるか準備はしておいてください。保護者・志願者ともに「聞く」「話す」がしっかりできるように練習しておくとよいでしょう。

## 〈2024年度選考〉

◆ペーパー
◆制作
◆運動
◆行動観察
◆親子面接

### ◇過去の応募状況

| | | |
|---|---|---|
| 2024年度 | 男子345名 | 女子305名 |
| 2023年度 | 男子416名 | 女子367名 |
| 2022年度 | 男子366名 | 女子294名 |

### 入試のチェックポイント

◇生まれ月の考慮…「あり」
◇受験番号…「願書受付順」

目指せ！合格！

# 家庭学習ガイド
## 開智所沢小学校

ペーパー　制作　運動　行動観察　志願者面接　保護者面接

## 入試情報

募集人数：男女100名
応募者数：男子231名　女子169名
出題形態：ペーパー、ノンペーパー
面　　接：志願者面接・保護者面接
出題領域：ペーパーA、（言語、お話の記憶、数量）ペーパーB（図形、推理）、作業、運動、行動観察

## 入試対策

2024年度の入試では、ペーパーAは言語、お話の記憶、数量など、ペーパーBは図形、推理などの内容がおもに出題されました。特にペーパーBは基本的な問題から応用問題まで数多く出題されますので、集中力と時間配分の感覚が必要です。作業課題はお絵描き、制作から作品の説明まで、口頭試問的な内容も含まれています。質問者の目を見て、はっきりと自分の考えを答えられるように指導してください。運動はボール、ジャンプ、バランス感覚と総合的な内容のサーキット形式です。運動の出来、不出来より、説明を聞く態度、自分の番が終わった後の態度もしっかり観られていますので、試験中ということを忘れないようにしましょう。

●カラフルな答案用紙で、色に関する質問も出題されました。

●ペーパーBは一つの問題の中で数多く出題されます。問題の説明をちゃんと理解できるよう、しっかり聴く練習をしておきましょう。

●面接は、志願者と保護者別々に行います。落ち着いて対応できるよう、しっかり対策しておきましょう。

# 「開智所沢小学校」について

## ＜合格のためのアドバイス＞

2024 年 4 月に開校した本校は「世界の人々や分化を理解・尊敬し、平和で豊かな社会を創るために貢献できるリーダー・スペシャリストの育成」を教育理念として掲げています。探究型の学びにより自身の得意分野を深化させながら、多様な他生徒との関係性を通じて他者を思いやる豊かな心を醸成し、社会とのつながりの中で共同性を学び、豊かな未来を作る力を習得することを教育目標としています。ICT を活用したプログラミング教育、思考やコミュニケーションのもととなる母国語の教育、小学校 1 年からの英語教育、実社会とのつながりを重視した教科横断型の教科学習など、新時代に対応した学びに力を入れています。

2024 年度の入学試験では、ペーパー A（常識的な知識、言語の運用、話の記憶、数量処理など)、ペーパー B( 情報処理、図形感覚、推理など )、作業、運動、行動観察、面接（志願者／保護者）が行われました。基本的な内容のペーパー A に比べ、ペーパー B は設問数も多めで発展型の内容になっているため、初めの問題説明は注意深く聴くようにしてください。

## 〈2024 年度選考〉

◆ペーパー A
◆ペーパー B
◆作業（制作）
◆運動
◆行動観察
◆面接（志願者／保護者）

### ◇過去の応募状況

2024 年度　男子 231 名　女子 169 名

### 入試のチェックポイント

◇生まれ月の考慮…「あり」
◇受験番号…「願書受付順」

# 西武学園文理小学校
# 開智所沢小学校
# 過去問題集

## 〈はじめに〉

現在、少子化が叫ばれているにもかかわらず、私立・国立小学校の入学試験には一定の応募者があります。入試は、ただやみくもに学習するだけでは成果を得ることはできません。志望校の過去における出題傾向を研究・把握した上で、練習を進めていくこと、試験までに志願者の不得意分野を克服していくことが必須条件です。そこで、本問題集は小学校を受験される方々に、志望校の出題傾向をより詳しく知って頂くために、出題頻度の高い問題を結集いたしました。最新のデータを含む精選された過去問題集で実力をお付けください。

また、志望校の選択には弊社発行の「**2025年度版 首都圏・東日本 国立・私立小学校 進学のてびき**」をぜひ参考になさってください。

## 〈本書ご使用方法〉

◆出題者は出題前に一度問題を通読し、出題内容などを把握した上で、〈 準 備 〉の欄に表記してあるものを用意してから始めてください。
◆お子さまに絵の頁を渡し、出題者が問題文を読む形式で出題してください。問題を読んだ後で、絵の頁を渡す問題もありますのでご注意ください。
◆「**分野**」は、問題の分野を表しています。弊社の問題集の分野に対応していますので、復習の際の目安にお役立てください。
◆一部の描画や工作、常識等の問題については、解答が省略されているものがあります。お子さまの答えが成り立つか、出題者が各自でご判断ください。
◆〈 時 間 〉につきましては、目安とお考えください。
◆本文右端の［**○年度**］は、問題の出題年度です。［**2024年度**］は、「2023年の秋に行われた2024年度入学志望者向けの考査で出題された問題」という意味です。
◆**学習のポイント**は、指導の際にご参考にしてください。
◆【**おすすめ問題集**】は各問題の基礎力養成や実力アップにご使用ください。

## 〈本書ご使用にあたっての注意点〉

◆文中に **この問題の絵は縦に使用してください。** と記載してある問題の絵は縦にしてお使いください。
◆〈 準 備 〉の欄で、クレヨン・クーピーペンと表記してある場合は12色程度のものを、画用紙と表記してある場合は白い画用紙をご用意ください。
◆文中に **この問題の絵はありません。** と記載してある問題には絵の頁がありませんので、ご注意ください。なお、問題の絵の右上にある番号が連番でなくても、中央下の頁番号が連番の場合は落丁ではありません。
下記一覧表の●が付いている問題は絵がありません。

| | | | | | | | | | |
|---|---|---|---|---|---|---|---|---|---|
| 問題1 | 問題2 | 問題3 | 問題4 | 問題5 | 問題6 | 問題7 | 問題8 | 問題9 | 問題10 |
| | | | | | | | | | ● |
| 問題11 | 問題12 | 問題13 | 問題14 | 問題15 | 問題16 | 問題17 | 問題18 | 問題19 | 問題20 |
| ● | | | | | | | | | |
| 問題21 | 問題22 | 問題23 | 問題24 | 問題25 | 問題26 | 問題27 | 問題28 | 問題29 | 問題30 |
| | | | | | | | | | |
| 問題31 | 問題32 | 問題33 | 問題34 | 問題35 | 問題36 | 問題37 | 問題38 | 問題39 | 問題40 |
| | | | | | | ● | | ● | ● |
| 問題41 | 問題42 | 問題43 | 問題44 | 問題45 | 問題46 | 問題47 | 問題48 | 問題49 | |
| | | | | | ● | ● | ● | ● | |

# ㊢ 先輩ママたちの声！

◆実際に受験をされた方からのアドバイスです。
ぜひ参考にしてください。

## 西武学園文理小学校

・難しい問題は、考えすぎないようにして、ほかの問題を落とさないように指導しました。

・過去問の中に掲載されていた問題と似たような問題が出題されました。過去問をしっかりと解き、対策をとることが大切だと思いました。

・語彙力を必要とする感じがしました。読み聞かせをしながら、子どもがわからない言葉などが出てくると、そのたびにいっしょに調べたりしました。そのことが結果的にはよかったように思います。

・試験当日が雨だった場合は、濡れた傘、靴を入れるものを持参すると良いです。

・最低でも、挨拶は英語でできるようにすると良いでしょう。また、お手洗いに行きたい旨を伝える英文も、覚えておくと良いと思います。

## 開智所沢小学校

・ペーパーテストが他の学校と違い、独特です。

・ペーパーＢは思考力が問われ、とてもユニークな問題なので別途練習が必要かと思います。

・１つの問いに対し複数個問題が続くので、発問がわからないとその後の問題全て×になってしまうので、例題理解はしっかり行う必要があります。

◎学習効果を上げるため、前掲の「家庭学習ガイド」及び「合格のためのアドバイス」をお読みになり、各校が実施する入試の出題傾向を、よく把握した上で問題に取り組んでください。
◎冒頭の「本書ご使用方法」「本書ご使用にあたっての注意点」も併せてご覧ください。

# 〈西武学園文理小学校〉

## 2024年度の最新入試問題

### 問題1　分野：記憶（お話の記憶）

〈準備〉　サインペン（赤）

〈問題〉　お話をよく聞いて、質問に答えてください。

ある日、クマさんが幼稚園でお帰りの支度をしていると、ウシさんがやってきて、「ねえ、クマさん。今度の日曜日、一緒にくだもの狩りに行こうよ。」と言いました。となりにいたネコさんも、「一緒に行こうよ。色々なくだものがあるんだって。」と誘ってくれました。「行きたい！僕くだものが大好きなんだ！」と、くまさんは大喜び。それを聞いていたサルさんとイヌさんが、「ねえねえ、私たちも一緒に行ってもいい？」とたずねました。「もちろん！みんなでバスに乗って行こうよ。」とウシさんが言いました。日曜日はとても良い天気になりました。クマさんのお母さんが、「くだもの狩りに行くなら帽子をかぶって行きなさい。」と言うので、クマさんは麦わら帽子をかぶり、リュックサックを背負って家を出ました。バス停に着くとウシさんとネコさんのお母さん、ウシさんとネコさん、イヌさんが待っていました。ちょっと待っているとサルさんが走ってきて、「ごめんね。楽しみすぎて眠れなかったんだ。」と謝りました。「大丈夫よ。まだバスは来てないから。」とネコさんのお母さんが言いました。くだもの畑に着いておじさんに挨拶すると、おじさんは、「クリはトゲが刺さると危ないからこれを持っていきなさい。」と、手袋と長靴を貸してくれました。ウシさんは梨、ネコさんはブドウ、クマさんはカキ、イヌさんはクリ、サルさんはリンゴをとりました。たくさんとれたのでみんなで分け合いました。帰りは電車で帰ることにしました。電車が来るまで時間があったので、サルさんとイヌさんは待ちきれなくて追いかけっこをしました。それを見たネコさんは、「駅で遊んだら危ないよ！」と注意しました。「ごめんなさい。」サルさんとイヌさんは反省して、みんなでベンチに座って電車を待ちました。みんなと別れて家に帰ってから、クマさんはお母さんと一緒にアップルパイとブドウジュースを作りました。晩ごはんにお母さんが栗ごはんを作ってくれました。お父さんとお母さんに今日あったことを話しながら、クマさんはどれもお腹いっぱい食べました。

①このお話と同じ季節のものに○をつけてください。
②朝、遅れてきたのは誰ですか。○をつけてください。
③くだもの畑のおじさんが貸してくれたものに○をつけてください。
④行きに乗ったものには○を、帰りに乗ったものには△をつけてください。
⑤誰がどんなくだものをとりましたか。それぞれ線でつないでください。
⑥クマさんがお母さんと一緒に作ったものは何ですか。○をつけてください。

〈時間〉　２分

〈解答〉　下図参照

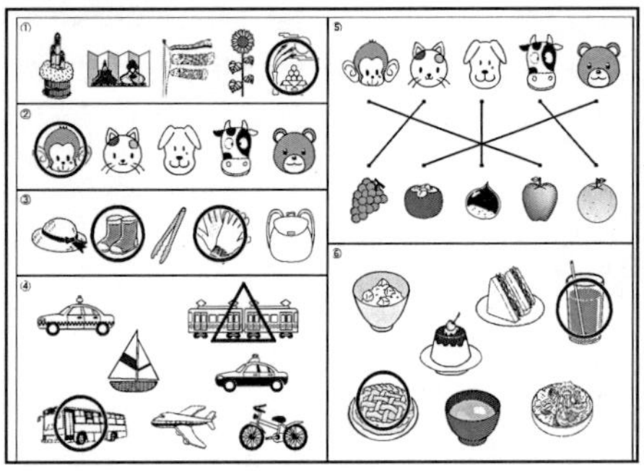

## アドバイス

ボリュームもあり、登場するものも多めのお話です。動物とくだものの組み合わせに戸惑うお子さまもいると思います。お話の一つひとつを注意深く聴き、鮮明にイメージすることを覚えましょう。このトレーニングは一朝一夕では身に付きませんので、苦手意識を持つお子さまには早めのスタートをおすすめいたします。また、この問題には季節や常識など、日常生活に関する内容も含まれています。普段からご家庭の会話にこれらの内容を含めることで、自然と身に付いていくと思います。お話に限らず全ての勉強に通じることですが、実体験に勝る勉強はありません。お子様に問いかけ、楽しみながらすすめると良いでしょう。

【おすすめ問題集】

１話５分の読み聞かせお話集①②、　お話の記憶 初級編・中級編、上級編、
Ｊｒ・ウォッチャー19「お話の記憶」

## 問題2　分野：図形（回転図形・重ね図形）

〈準 備〉　サインペン（赤）

〈問 題〉　**この問題の絵は縦に使用して下さい。**
（問題２－１を渡す）
一番上段の見本を見てください。左の形を不思議な虫眼鏡で見ると右の形になります。左の形を不思議な虫眼鏡で見るとどんな形になるでしょうか。選んで○をつけてください。
（問題２－２を渡す）
一番上段の見本を見てください。左の２つの形を重ねると右の形になります。左の２つの形を重ねるとどんな形になるでしょうか。選んで○をつけてください。

〈時 間〉　各１分

〈解 答〉　下図参照

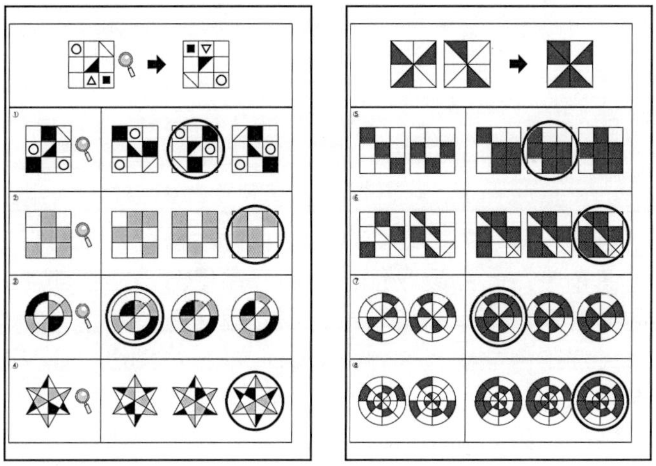

### アドバイス

問題２－１では図形の変化に関するお約束が示されていません。いかに早く、どのように変化したのかを把握することが重要になります。推理のスキルを身につける必要がありますので、ご家庭でもすぐに説明せず、お子さま自身が答えを導き出すまで待ちましょう。問題を繰り返すことで自然と解くスピードは上がってくると思います。この形式の問題は例年出題されていますので、早めに対策しておくことをおすすめします。問題２－２の重ね図形は観察力と集中力が必要です。こちらも繰り返し解くことで正解率が上がります。同様の問題を定期的に解いて慣れておきましょう。

【おすすめ問題集】
　Ｊｒ・ウォッチャー５「回転・展開」、35「重ね図形」、46「回転図形」
　NEWウォッチャーズ私立図形①・②、苦手克服問題集　図形

## 問題3　分野：言語（同頭語・同尾語）

〈準　備〉　サインペン（赤））

〈問　題〉　絵をよく見て、質問に答えてください。

①左の四角の絵と同じ音で始まる絵に○を、同じ音で終わる絵には×をつけてください。同じ季節のものには△をつけてください。
②も同じようにやってください。

〈時　間〉　各１分

〈解　答〉　下図参照

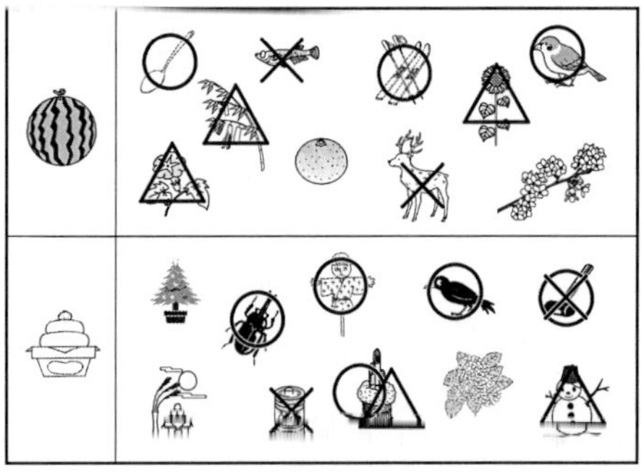

### アドバイス

このような問題は、どれだけ語彙を知っているのか、どれだけ言葉遊びをしているのかがポイントです。子どもは言葉をどんどん吸収し、どんどん使おうとします。初めて見た物などの名前を正式な名称で教えたり、図鑑などを見て興味を持たせて憶えていくとよいでしょう。周りにいる大人が正確な情報を教えていくことが大切です。この問題のように同頭語、同尾語などを集めてみたり、ゲームなどを取り入れて楽しみながら学習するとよいでしょう。また、この問題には季節の要素も含まれています。ご家庭の話題に意識的に取り入れなければ、なかなか知識は増えにくいものです。知識は一朝一夕にはつきにくいものですので、時間をかけて対策することをおすすめします。

【おすすめ問題集】

Ｊｒ・ウォッチャー11「いろいろな仲間」、17「言葉の音遊び」、34「季節」
60「言葉の音（おん）」

## 問題4　分野：言語（クロスワード）

〈準 備〉　サインペン（赤）

〈問 題〉　下の四角にある絵の中から当てはまる言葉を探して、○の列のものには○を、×の列のものには×を、△の列のものには△をつけてください。

〈時 間〉　２分

〈解 答〉　下図参照

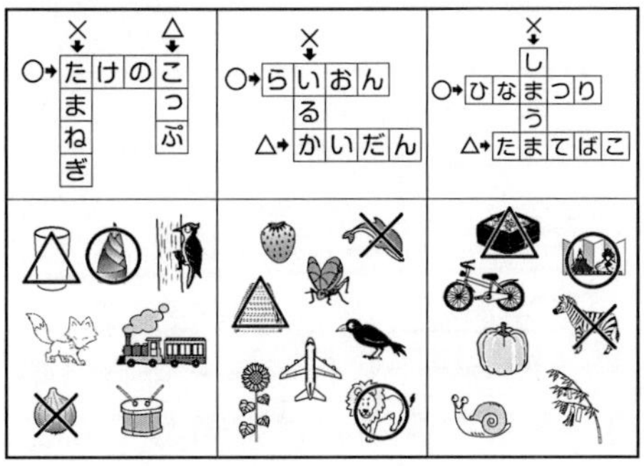


### アドバイス

この形式の問題も例年出題されています。クロスワードですので、言葉の組み合わせ、取捨選択の時間が必要になります。この時にわからない言葉があると停滞してしまいますので、普段から積極的に多くの言葉に触れることを意識してください。また、一つの問題にひっかかっていると、他の問題を解く時間が削られてしまいますので、わからないものは一旦飛ばすなどの工夫も必要になるかもしれません。お子さまの解き方、進め方を見極めながら助言されるとよいでしょう。

【おすすめ問題集】

Ｊｒ・ウォッチャー17「言葉の音遊び」、34「季節」、60「言葉の音（おん）」
NEWウォッチャーズ私立言語①・②、苦手克服問題集　言語

**家庭学習のコツ①　「先輩ママのアドバイス」を読みましょう！**

本書冒頭の「先輩ママのアドバイス」には、実際に試験を経験された方の貴重なお話が掲載されています。対策学習への取り組み方だけでなく、試験場の雰囲気や会場での過ごし方、お子さまの健康管理、家庭学習の方法など、さまざまなことがらについてのアドバイスもあります。先輩ママの体験談、アドバイスに学び、ステップアップを図りましょう！

## 問題5　分野：数量／観覧車

〈準備〉　サインペン（赤）

〈問題〉　**この問題の絵は縦に使用して下さい。**
７人のお友達で、ウサギさんから順番に観覧車に乗ります。ゴンドラは１人乗りで、乗ったところの星の数だけコインがもらえます。全員があいだを開けることなく２回乗ったとき、一番多くコインをもらえるのは誰でしょう。当てはまるものに○をつけてください。

〈時間〉　２分

〈解答〉　タヌキ（14枚）

### アドバイス

７人の乗客に対してゴンドラは５つですから、１回目と２回目でもらえるコインの数は違います。それぞれの動物が、１回目にどのゴンドラに乗るのかを間違えてしまうと、全てずれてしまいますので、丁寧に数えることが大切です。紙皿や丸く切った紙などで実際に試してみると理解しやすいと思います。観覧車の問題には他にもパターンがありますので、類題を多く解いて、数え方や考え方に慣れておくことをおすすめします。

【おすすめ問題集】
Ｊｒ・ウォッチャー14「数える」、31「推理思考」、50「観覧車」

## 問題6　分野：常識（いろいろな仲間）

〈準備〉　サインペン（赤）

〈問題〉　①稲刈りの絵はどれでしょう。当てはまるものに○をつけてください。最後の音がいねかりと同じものに×をつけてください。
②いねかりと同じ季節のものに○をつけてください。いねかりと関係のある食べ物に△をつけてください。

〈時間〉　各１分

〈解答〉　下図参照

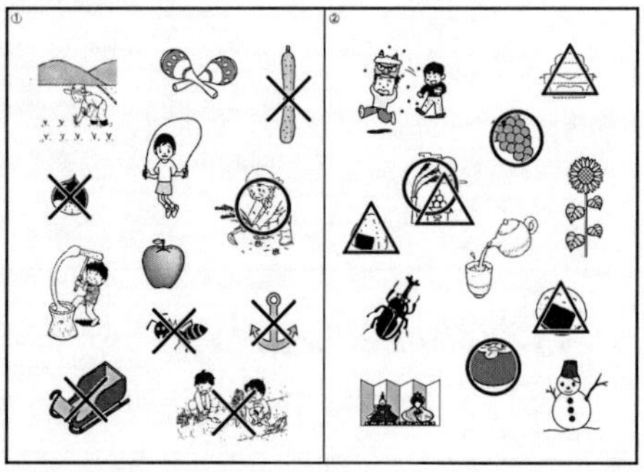

## アドバイス

季節の内容を含めた問題も、例年多く出題されています。複数を選択する問題ですので、しっかりとした知識がないと取りこぼしてしまいます。季節の知識はご家庭の話題だけではどうしても偏ってしまいがちですので、問題集等を活用し、幅広い知識に触れさせることも大切です。また、基本的なことですが、○と△をきちんと書き分けられていますでしょうか。どちらとも取れる雑な記号では正解にならない場合もありますので、ご家庭で問題を解いた際には、その部分もチェックしてください。

【おすすめ問題集】

Ｊｒ・ウォッチャー11「いろいろな仲間」、12「日常生活」、17「言葉の音遊び」、18「いろいろな言葉」、34「季節」、60「言葉の音（おん）」

## 問題7　分野：展開図（折り紙）

〈準　備〉　サインペン（赤）

〈問　題〉　折り紙を左の絵のように折りました。これを開くと、それぞれどのような折り目がついているでしょうか。正しいと思うものに○をつけてください。

〈時　間〉　各30秒

〈解　答〉　下図参照

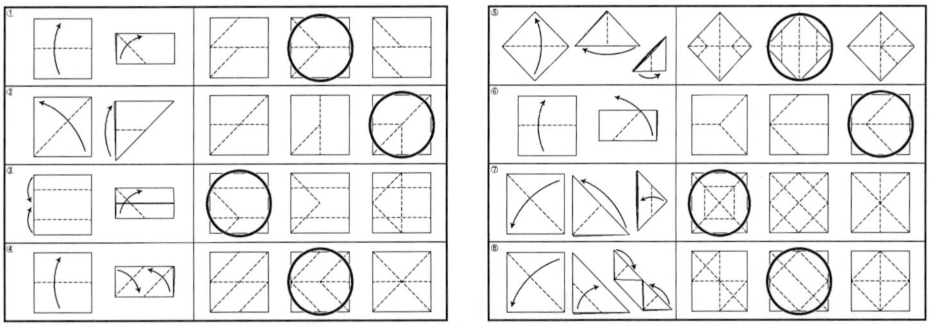

## アドバイス

折り紙の折り目は、実際にやってみないとなかなか理解しにくいものです。自分で折って、開いてを繰り返すうちに、折り目のつき方を想像できるようになります。折り紙に触れる機会を増やし、理解度を深めましょう。まずは出題された折り方を実際に折ってみることから始めましょう。基本的な折り方を覚えれば、少々の応用問題にも対応できるはずです。指先を使うことは脳の活性化にもつながりますので、ご家庭での遊びにぜひ取り入れてください。

【おすすめ問題集】

Ｊｒ・ウォッチャー５「回転・展開」、48「鏡図形」

## 問題8　分野：絵画（制作）

〈準備〉　クーピーペン（12色）、はさみ

〈問題〉　（問題８－１の絵を渡す）
①点線に沿って、紙をはさみで切ってください。
②クーピーペンで家を好きな色に塗ってください。
③空いている部分に、あなたと家族の絵を描いてください。
④（質問）これは何をしている絵ですか。
⑤（質問）こだわったところはどこですか。

〈時間〉　15分

〈解答〉　省略

### アドバイス

切る、塗る、描く、の３種類を試される問題です。本校の制作課題は、描いたあとにその絵について質問されることが多くあります。制作という形をとった口頭試問ということができるでしょう。ですから、絵を描く時にはしっかりしたイメージを持って描くこと、質問に答えるときは質問者の目を見てはっきり答えることが重要です。自分が描いたものを説明する、自分の考えを言葉にするということは、近年求められているスキルですので、普段の生活でも意識しておきましょう。

【おすすめ問題集】
Ｊｒ・ウォッチャー21「お話作り」、23「切る・貼る・塗る」、24「絵画」
新　口頭試問問題集、口頭試問問題集　生活体験編

## 問題9　分野：運動

〈準備〉　平均台、マット、フープ

〈問題〉　この問題は絵を参考にして下さい。
【サーキット運動】
①平均台を渡る。
②カエル足たたきをした後、前転。
③ケンパーをして戻ってくる。

〈時間〉　適宜

〈解答〉　省略

## アドバイス

運動の内容は、一般的な入学試験で行われているものが多いので、それほど特別な対策は必要ないでしょう。ごくふつうに運動ができれば問題はありません。それよりも、取り組む姿勢の方が重要と言えます。運動の得意なお子さまにとっては、これらの課題は簡単なものでしょう。だからと言って、適当にやったり、ふざけ半分でやったりすると、課題自体はできていたとしても確実に低い評価になります。逆に課題ができなかったとしても、一生懸命取り組んでいれば、マイナスの評価にはなりません。つまり、それぞれが全力を出しているかどうかが観られているということです。

【おすすめ問題集】
Ｊｒ・ウォッチャー28「運動」、新　運動テスト問題集

## 問題10　分野：行動観察

〈準備〉　神経衰弱ができるカード、ボール

〈問題〉　**この問題の絵はありません。**
みんなで相談して、好きな遊びを決めましょう。
①背の順ならび
②ジェスチャーゲーム
③神経衰弱
④ボール渡し

〈時間〉　適宜

〈解答〉　省略

## アドバイス

楽しそうなゲームなのでお子さまは夢中になってしまうかもしれません。ゲームに熱中するあまりお子さまの本当の姿が見えてくることもあるでしょう。それが学校のねらいでもあります。そうした状況でもルールや指示を守れるのか、自分勝手になっていないかなどが観られています。こうした行動観察は、集団の中でお子さまがどういった行動をするのかを観るものです。それは小学校入学後の集団行動に適応できるかどうかのシミュレーションでもあります。学校によっては、ペーパーテストの成績がよくても行動観察がダメで不合格になるということもあるので、ペーパーテスト以外もおろそかにしないようにしましょう。

【おすすめ問題集】
Ｊｒ・ウォッチャー29「行動観察」

## 問題11　分野：親子面接

〈準備〉　なし

〈問題〉　**この問題の絵はありません。**

【保護者へ】
・本校を選んだ理由をお聞かせください。
・本校のほかに併願校はありますか。
・私立と公立の違いは何だと思いますか。
・通っている幼稚園（保育園）を選ばれた理由を教えてください。
・お子さまは幼児教室に通っていますか。
・どこの幼児教室に通っていましたか。
・幼児教室に通ってお子さまに変化はありましたか。
・どのようなお仕事をされていますか。
・お休みの日はどのように過ごされていますか。

【志願者へ】
・お名前を教えてください。
・生年月日と住所を教えてください。
・幼稚園（保育園）の担任の先生のお名前を教えてください。
・仲の良いお友達の名前を２人教えてください。
・幼稚園（保育園）では何をして遊びますか。
・好きな食べ物と嫌いな食べ物は何ですか。
・嫌いな食べ物が出たらどうしますか。
・好きな本は何ですか。その本をなぜ好きなのですか。
・小学校で何を頑張りたいですか。

〈時間〉　15分

〈解答〉　省略

### アドバイス

内容自体は特に変わったことが聞かれることはなく、志望理由や休日にどのように過ごすか、というような一般的に面接で聞かれることがほとんどです。ですから、過去問題を見て、どのような質問をされるのかという程度の対策をとって臨めば問題はありません。その際、お互いの教育観を確認するようにしてください。答えがそれぞれの親で違っていると、しっかりと教育に対して話し合いがされていない家庭だと評価されかねません。

【おすすめ問題集】
新 小学校受験の入試面接Ｑ＆Ａ、家庭で行う面接テスト問題集、
保護者のための面接最強マニュアル

## 2023年度以前の入試問題

### 問題12　分野：言語

〈準　備〉　クーピーペン（黒）

〈問　題〉　左の絵から順番に右側の絵までしりとりでつなげてください。

〈時　間〉　30秒

〈解　答〉　下図参照

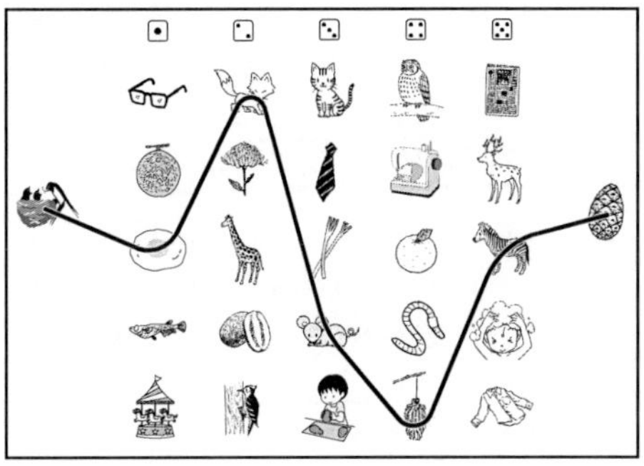

［2023年度出題］

### アドバイス

しりとりとしては易しい問題と言えるでしょう。頭で考えるしりとりは、語彙数が多ければつなぐことはできますが、このように絵を見て繋いでいくしりとりは物の名前が分かっていなければ困難です。図鑑などを見たり、読み聞かせの時絵を見せるなどして、日常生活の中で指導していくことで、語彙力を高めましょう。この問題では、線を長く引くことになります。過去の出題を見ても、当校は運筆を重視していることがわかります。運筆を軽く考えるのではなく、しっかりと練習をしておいてください。筆記用具の持ち方、筆圧なども大切です。しっかりと書くためには筆記用具の持ち方から観なければなりません。直接解答には関わりが無いと考えるのではなく、入学後を見据えて、今のうちからしっかりと身につけるようにしましょう。また、保護者の方はお子さまが書く線を観て、自信を持って解答したものか、そうでないものかを判断し、苦手であった場合、その原因の把握と、対策を取ることをお勧め致します。

【おすすめ問題集】

Ｊｒ・ウォッチャー17「言葉の音遊び」、18「いろいろな言葉」、
49「しりとり」、60「言葉の音（おん）」

## 問題13　分野：図形（位置の移動）

〈準　備〉　クーピーペン（黒）

〈問　題〉　お話をよく聞いて、質問に答えてください。

①タヌキくんはイチゴが食べたかったので右に４マス、下に３マス進みました。タヌキくんがついたマスに○を書いてください。
②キツネくんはミカンが欲しかったので右に６マス、下に２マス進みました。キツネくんがついたマスに◎を書いてください。
③カバくんはリンゴに向かって６マス、右に４マス進みました。カバくんがついたマスに△を書いてください。
④サルくんはミカンに向かって３マス進んだ後、気が変ってリンゴに向かって3マス、やっぱりミカンが食べたくなってミカンに向かって２マス進みました。サルくんがついたマスに×を書いてください。
⑤クマくんはブドウジュースを作ろうと考えて左に３マス進んだところで下にあるイチゴを見つけてイチゴジュースにしようと考えて下に３マス進みました。クマくんがついたマスに●を書いてください。
⑥ネコくんは一気に左に８マス進みました。ネコくんがついた場所に□を書いてください。

〈時　間〉　各30秒

〈解　答〉　下図参照

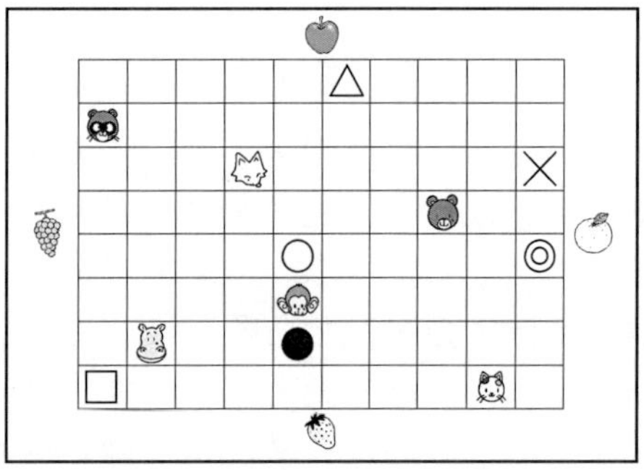

［2023年度出題］

### アドバイス

聞き取りによる位置の移動です。この問題の場合、四方に果物が描いてあるため、どの方向に向かってという問題を聞いていれば、移動する方向はわかります。正しく指示を聞き取り、マス目の中を移動させれば解答が分かります。このような問題の場合、移動に関する混乱はないと思います。移動の問題ですが、移動に関して解釈が２通りあります。一つは記号などを移動させる場合です。この場合、常に同じ方向を向いて移動させることになります。右は常に右、左は常に左として移動させます。難易度としては優しい移動になります。もう一方は、人などを移動させる場合、移動した方向が正面になるため、どこを向いているかで左右が変化することです。人が移動するとき、進行方向が正面になります。ですから右に移動となれば、今度は右が正面になります。続けて右に移動と指示されたときは、解答者の方に向かってくるように移動することなりますす。この違いをしっかりと把握しておいてください。

【おすすめ問題集】

Ｊｒ・ウォッチャー31「推理思考」、47「座標の移動」

## 問題14　分野：言語（頭音探し）・常識（いろいろな仲間）

〈準備〉　クーピーペン（黒）

〈問題〉　**この問題の絵は縦に使用して下さい。**
絵をよく見て、質問に答えてください。

①上の絵と同じ音で始まり、同じ音の数の絵に△を、上の絵と同じ季節の絵に○をつけてください。
②上の絵と同じ音で終わり、同じ音の数の絵に△を、上の絵と同じ季節の絵に○をつけてください。

〈時間〉　30秒

〈解答〉　①△スイドウ・スイシャ・スイトウ・スケート・スカンク・ストーブ
○スケート・スキー・ストーブ
②△コスモス・キュウス
○タンポポ・ツクシ・チューリップ・サクラ・ニュウガクシキ・ヒナマツリ

［2023年度出題］

### アドバイス

本問を解くにあたり、物の名称を正確に把握することと、季節に関する知識、二つの要素が必要になります。難易度は高いといえるでしょう。また、○△など、記入する記号に指定があり、設問についても、「同じ音で始まり」「同じ音で終わり」のように、指示に違いがあります。指示を最後までしっかりと聞く必要があるため、集中力も試されています。答案用紙に記号を記入する際は、可読性に気を遣いましょう。本問では、○と△、二つの記号が指定されています。どちらとも見て取れるような中途半端な記号を書いてしまうと、減点の対象となり、最悪の場合、誤答と見なされる可能性があります。指示を最後までしっかりと聞くこと、答案用紙に丁寧に記入することなどは、受験においては基礎的な内容です。解答に気を取られ、こういった基礎的な部分が疎かにならないようにしましょう。

【おすすめ問題集】
Ｊｒ・ウォッチャー11「いろいろな仲間」、17「言葉の音遊び」、34「季節」
60「言葉の音（おん）」

## 問題15　分野：お話の記憶

〈準備〉　クーピーペン（黒）

〈問題〉　お話を聞いて、次の質問に答えてください。

今日は朝からとても良い天気です。サル君はめずらしく早起きをしました。なぜなら前から楽しみにしていたピクニックに家族が揃って行く日だからです。お隣の仲良しのクマ君の家族が一緒です。サル君はお気に入りの野球帽をかぶって横縞のシャツ、ズボンの裾を一折して、真っ赤なスニーカーを履いて行きます。サル君がリュックを背負って外に出るとクマ君が弟やクマ君のお父さん、お母さんと一緒に出てきたところでした。皆が揃ってバス停に行くとちょうど緑山公園行きの緑色のバスが来たのでクマ君の弟、サル君の妹、３番目にサル君のお母さん、続いてクマ君のお母さん、それからサル君とクマ君、クマ君のお父さんと最後にサル君のお父さんがバスに乗り込みました。バスはすいていたので全員が席に座る事が出来ました。目的地につくと公園は一面桜の花が満開でとても綺麗です。皆おもわず「わぁ～！！きれい！」と言って桜の花に見とれてしまう程でした。桜のトンネルの中でクマ君のお父さんが「写真をとろう」と言って、そばを通ったキツネさんに頼んで全員で記念写真を撮りました。目的の川に着いたので、さっそく食事の支度です。クマ君とサル君のお父さんは釣り竿を持って川で魚釣りを、クマ君とサル君は近くの山に山菜をとりに、お母さんたちはご飯を炊いたり持ってきたお肉を焼いたり大忙し。クマ君の弟とサル君の妹は紙のお皿やお箸やコップを並べたりお手伝いをしています。山菜をとりに行った２人もたくさんとってきました。魚釣りのお父さんたちも１人が２匹ずつ食べられるだけでなく４匹も余分に釣れたので、小さくてまだ子供の４匹の魚を川に逃がしてあげました。美味しいご飯を食べた後、後片付けをして皆で鬼ごっこをしたり縄跳びをしたり楽しく遊びました。帰りのバスでは皆疲れてぐっすり寝てしまいました。バスから降りて家に帰る途中でサル君とクマ君は「今日は楽しかったね」「また一緒にピクニックに行こうね」と約束をしました。

①サル君はどんな格好をしていましたか。選んで正しいものに○をつけてください。
②行きのバスに乗る時、３番目にバスに乗ったのは誰でしたか。○をつけてください。
③最後から２番目にバスに乗ったのは誰でしたか。△をつけてください。
④公園に咲いていたのはどんな花でしたか。その花に◎をつけてください。
⑤このお話の季節はいつだと思いますか。同じ季節のものに○をつけてください。
⑥お父さんたちは川に戻した魚も入れて何匹釣って来ましたか。その数だけ魚に○をつけてください。

〈時間〉　30秒

〈解答〉　下図参照

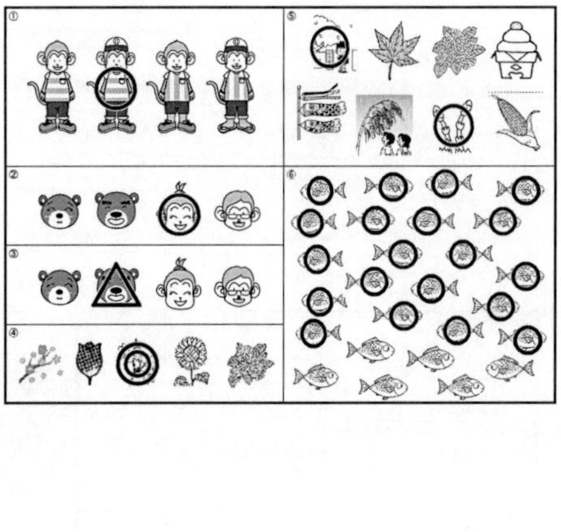

［2023年度出題］

## アドバイス

登場人物が多く、それに伴い各登場人物の服装や動向、順番等々、様々な要素が含まれています。お話の記憶は小学校受験において最も多く出題される分野の一つですが、当校の問題は、中でも難しい部類です。しっかりと対策をして臨みましょう。お話の記憶の問題を解くにあたり、内容をイメージする力が必要不可欠です。読み上げられる文章を単に暗記するのではなく、お話の流れをイメージし、一連の物語として記憶することで、正答率の向上を図ることができます。こうしたイメージする力は、普段からの読み聞かせはもちろんのこと、日常生活の中でも鍛えることができます。例えば、普段の会話の中でお子さまに、今日１番おもしろかったこと、楽しかったことなどを問いかけます。その日あった出来事を思い起こすことは、架空の物語をイメージする上で、よい練習になります。他にも、普段からお子さまとの交流を深めることで、語彙力、コミュニケーション能力など、多くの力を養うことができます。

【おすすめ問題集】

１話５分の読み聞かせお話集①②、 お話の記憶 初級編・中級編、
Ｊｒ・ウォッチャー19「お話の記憶」

## 問題16 分野：常識（日常生活）

〈準 備〉 クーピーペン（黒）

〈問 題〉 ①教室をみんなで掃除をしています。この中で間違った事をしている人に×をつけてください。
②走っている電車の中の絵です。この中で間違った事をしている人に×をつけてください。

〈時 間〉 ２分

〈解 答〉 下図参照

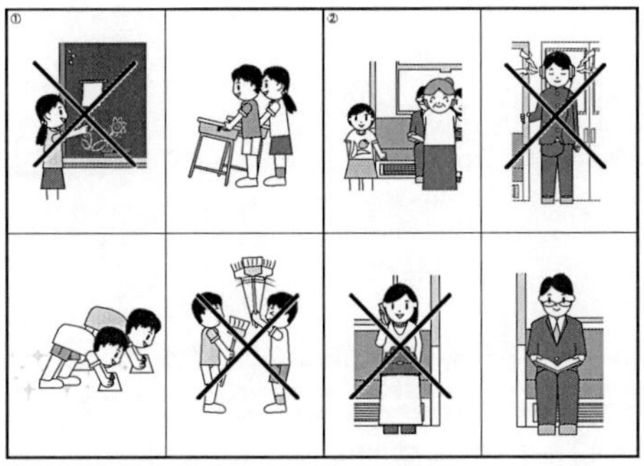

［2023年度出題］

## アドバイス

学校での正しい立ち振る舞いや、公共マナー等、お子さまの常識力を問う問題です。当校で頻出する分野の一つですから、対策を怠らないようにしましょう。また、解答の正誤だけではなく、×をつけた人はなぜ間違っているのか、×をつけなかった人はなぜ正しいのか、答えられるようにしておきましょう。このような問題には、お子さまに年齢相応の社会性が身についているか確認する意図があります。短期的な対策では、こういった本質的な部分まで身につけることは難しいです。日常生活の中で長期的に培っていきましょう。お子さまは身近な人物から最も影響を受けます。日々の生活を通して、保護者の方々がお子さまのよい見本となることが、本問の最も有効な対策といえるでしょう。

【おすすめ問題集】

Ｊｒ・ウォッチャー12「日常生活」

口頭試問最強マニュアル 生活体験編

## 問題17　分野：数量（たし算・ひき算）

〈準 備〉　クーピーペン（黒）

〈問 題〉　17－１の絵を見てください。それぞれのお家を通り抜けると左側の●の数が右側のように変わります。17－２の絵のお家に、当てはまる模様を描いてください。

〈時 間〉　５分

〈解 答〉　下図参照（解答例）

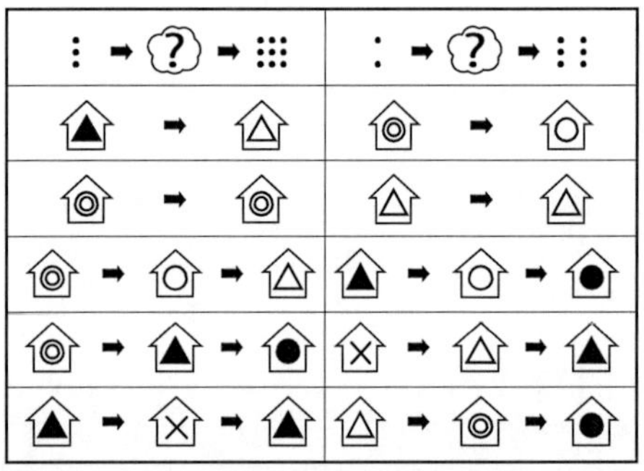

［2023年度出題］

**家庭学習のコツ①　「先輩ママのアドバイス」を読みましょう！**

本書冒頭の「先輩ママのアドバイス」には、実際に試験を経験された方の貴重なお話が掲載されています。対策学習への取り組み方だけでなく、試験場の雰囲気や会場での過ごし方、お子さまの健康管理、家庭学習の方法など、さまざまなことがらについてのアドバイスもあります。先輩ママの体験談、アドバイスに学び、ステップアップを図りましょう！

## アドバイス

この出題は、他校を含めて出題されたことがありません。基本としてブラックボックスを解く力が必要です。この問題のポイントは、ブラックボックスを解く力はもとより、「最後まで諦めずに考えることができるか。」という集中力の持続、柔軟な思考力、観点の切り替えが求められるる問題といえるでしょう。小学校受験の問題を解く際、解き方を学ぶ方が多いと思いますが、この問題は解き方を学ぶだけでは解くことができません。この問題で一番大切なことは、途中で諦めずに、「止め」と言われるまで取り組むことです。ハウツーを多用した学習を行っているお子さまにとりましては、求めた解答以外の他の解答を求めることは苦手だと思います。しかし、そうした学習では、このような問題の対策にはなりません。また、この問題で避けなければならないことは、順番を入れ替えて解答を増やす方法です。その方法はこの問題の観点とは違ってしまいますから、順番を入れ替えた方法で解答を増やしたとしても、一つの解答とみなされてしまいます。柔軟な思考力が求められる問題といえるでしょう。

【おすすめ問題集】

Ｊｒ・ウォッチャー15「比較」、32「ブラックボックス」、
38「たし算・ひき算１」、39「たし算・ひき算２」、58「比較②」

## 問題18　分野：数量（選んで数える）

〈準備〉　クーピーペン（黒）

〈問題〉　一番上の四角の中を見てください。
①みかんと栗を合わせたらいくつになりますか。その数だけ○を書いてください。
②りんごとブドウを比べた時どちらがいくつ多いですか。多い方に多い数だけ○を書いてください。
③ちょうど10にするにはどれとどれを合わせるとよいですか。その絵を選んで○をつけてください。
④りんご、栗、イチゴを合わせた数を３人で分けると１人いくつになりますか。１人分の数だけ○を書いてください。
⑤この絵の中で１番数の多い物に○をつけてください。
⑥この絵の中で１番数の少ない物に○をつけてください。

〈時間〉　各20秒

〈解答〉　下図参照

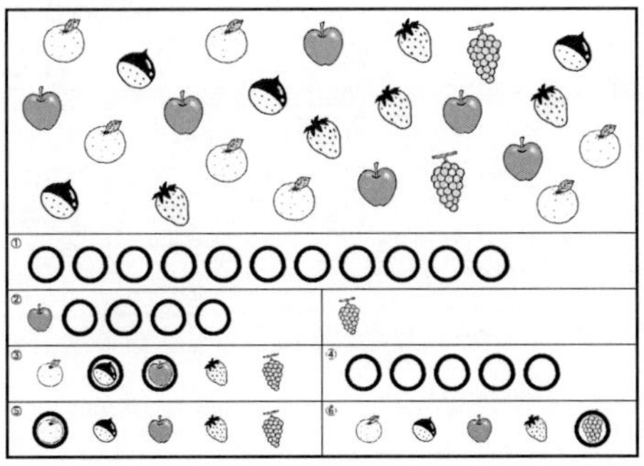

［2023年度出題］

## アドバイス

本問のような問題を間違えてしまったとき、原因として最も多く挙げられるのは、数え間違いです。このような問題の対策として、類題をできるだけ多く練習し、数えることに慣れておくのがよいでしょう。また、ものを数える際、「上から数える」「左から数える」などのルールを決めておくと、ケアレスミスを防ぐのに役立ちます。お子さまが数量の問題を苦手としている場合、まずはこういった方法を試してみましょう。本問にはたし算、ひき算、わり算の要素が含まれており、数量の問題としては、難易度が高めに設定されています。落ち着いて取り組むことができるようになるまで、反復して練習するとよいでしょう。

【おすすめ問題集】

Ｊｒ・ウォッチャー15「比較」、37「選んで数える」、38「たし算・ひき算１」、39「たし算・ひき算２」、58「比較②」

## 問題19　分野：記憶（見る記憶）

〈準備〉　クーピーペン（黒）

〈問題〉　これから見せる絵をよく見て覚えてください。
（19-１の絵を20秒見せて伏せ、19-２の絵を渡す）
①リンゴの斜め右上にあったものに○をつけてください。
②野菜はいくつありましたか、あった数だけ○を書いてください。
③▲は何個ありましたか、あった数だけ▲を書いてください。
④▲はどこにありましたか、右側のマスの▲が書いてあった場所に▲を書いてください。
⑤右側の四角の中に足りないものを下の絵の中から選び、物の下に書いてある記号をマスの中に書きいれてください。

〈時間〉　各20秒

〈解答〉　下図参照

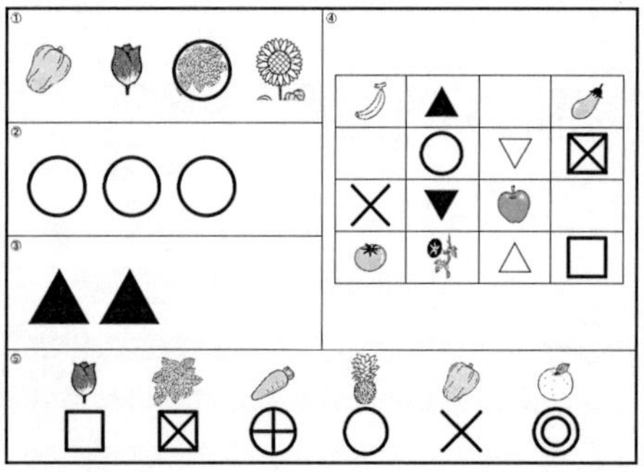

［2023年度出題］

## アドバイス

全ての絵を記憶することが難しいようであれば、覚える絵を半分にするなどして、難易度を下げて取り組みましょう。一度解けたという達成感は、お子さまの意欲や自信に結びつきます。記憶の問題の最も有効な対策方法は、反復練習です。まいにちの練習を欠かさないためにも、お子さまの勉強に対するモチベーションを高めることは、非常に重要です。最終的には、本問程度の難易度の問題が解けるようになる必要があります。難易度を徐々に上げつつ、根気強く取り組みましょう。

【おすすめ問題集】

Ｊｒ・ウォッチャー20「見る記憶・聴く記憶」

## 問題20　分野：言語

〈準 備〉　クーピーペン（黒）

〈問 題〉　①一番上の絵と同じ季節の絵を選んで○をつけてください。
②①で○がつかなかった絵の最初の音を繋ぎ合わせてできる物を選んで○をつけてください。
③一番上の絵と同じ音で始まる絵を選んで△をつけてください。
④一番上の絵のように、言葉の中に濁点のついた音の入っている物に×をつけてください。

〈時 間〉　各15秒

〈解 答〉　下図参照

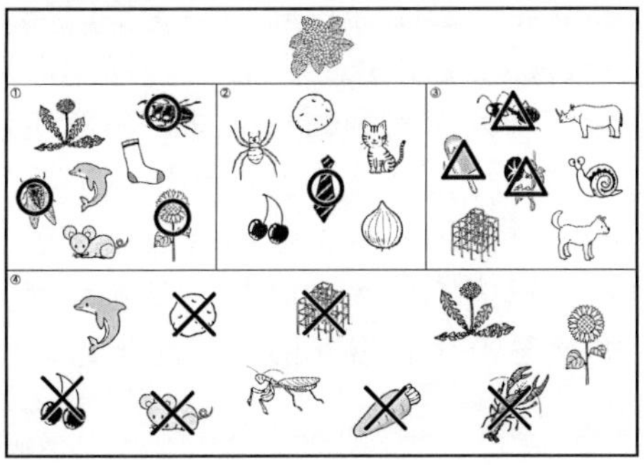

［2023年度出題］

## アドバイス

季節の常識や、頭音つなぎ、同頭音、濁音の言語の問題です。絵の名前が分かっていることが、このような問題の条件です。尾音つなぎ、頭音つなぎ、同尾同頭音探し、しりとりなど様々な形で言語の問題が出されます。分からない言葉などがあった場合、聞き過ごしをしないで質問するように習慣付けておきましょう。

【おすすめ問題集】

Ｊｒ・ウォッチャー11「いろいろな仲間」、17「言葉の音遊び」、34「季節」60「言葉の音（おん）」

## 問題21　分野：言語

〈準備〉　クーピーペン（黒）

〈問題〉　それぞれ下の四角の中に書かれた絵の中から当てはまる言葉を探して、○の列の物には○を、×の列の物には×を、△の列の物には△をつけてください。

〈時間〉　２分

〈解答〉　下図参照

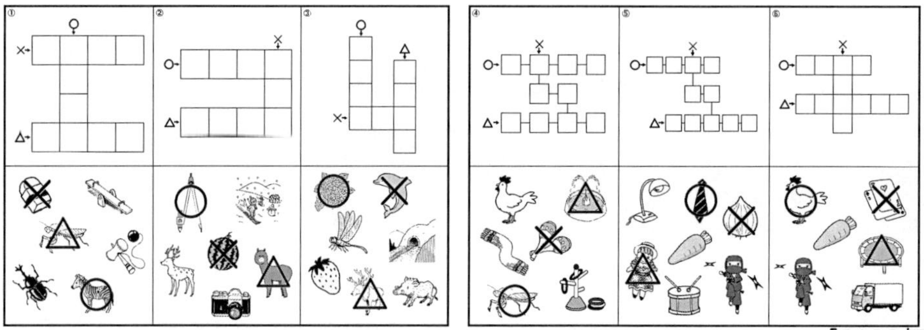

［2023年度出題］

### アドバイス

当校は言語に関する問題は、毎年のように出題されています。英語に力を入れている学校ですが、母国語をしっかりと使えなければ、英語の習得は難しいといえます。子どもは、年齢に応じた言語の習得語彙数があり、近年、その習得すべく語彙数が落ちているといわれています。当校を志望される方は、言語に関する力の習得は必須です。しりとりにしても、単に入り口から出口までをたどるのではなく、途中に分岐する箇所が何カ所もあったり、○番目に長いものにという指示が加わります。一見すると難しいように見えますが、しっかりと話を聞き、理解して取り組めば、難しいことはありません。言語に関する力の習得には時間がかかること、会話量、読み聞かせが大きく影響します。日常生活におけるお子さまとの会話を重視し、読み聞かせをたくさん行うことをお勧め致します。また、苦手だから止めてしまうのではなく、最後まで諦めずに取り組む姿勢をしっかりと習得してください。問題の難易度を上がれば上がるほど、集中力は大切になってきます。お勧めとしては、いろいろな問題に取り組み、問題に対する苦手意識を取り除きましょう。

【おすすめ問題集】

Ｊｒ・ウォッチャー11「いろいろな仲間」、17「言葉の音遊び」、
60「言葉の音（おん）」

## 問題22　分野：言語

〈準備〉　クーピーペン（黒）

〈問題〉　お話を聞いて、次の質問に答えてください。

クマ君は明日遠足です。お母さんにお金をもらってヤギおじさんのお菓子屋さんに行きました。お菓子屋さんに向かって右隣りはキツネさんの魚屋さん、左隣はタヌキおじいさんの八百屋さんです。八百屋さんの店先には今日もジャガイモ、人参、大根、キャベツ、タマネギ、その他リンゴやミカンも並べられてとても賑やかです。途中でサルくんとウサギさんに会ったので一緒にお菓子屋さんに行きました。お菓子屋さんにはリスさんがいてチョコレートとイチゴ味のアメを買っていました。そこでクマくんもレモン味のアメとチョコレートとビスケットを買いました。サルくんはおせんべいとラムネのお菓子とレモン味のガムを、ウサギさんはイチゴ味のアメとクリームが挟まったクッキーを買いました。お菓子屋さんの次にクマくんは八百屋さんでミカンを5個買いました。お父さんとお母さんと弟に1個づつと残りは遠足に持って行こうと思いました。帰り道でニワトリさんやイヌくんに会ったので明日の遠足が晴れるようにみんなで、てるてる坊主を作る約束をしました。

（問題22の絵を渡す）
①お話に出てこなかった動物に○をつけてください。
②お菓子屋さんの右隣は何屋さんでしたか。○をつけてください。
③クマ君が買ったお菓子に○を、ウサギさんが買ったお菓子に△をつけてください。
④クマ君はお菓子屋さんを出た後みかんを何個買いましたか。その数だけみかんに○をつけてください。

〈時間〉　各15秒

〈解答〉　下図参照

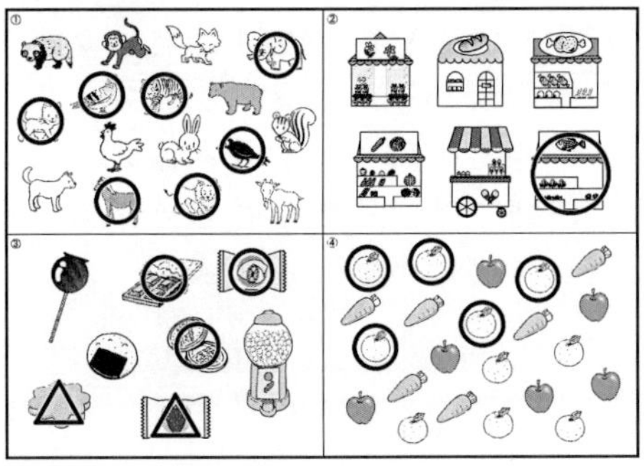

［2023年度出題］

### アドバイス

毎年内容を変えて出題される問題ですが、当校の問題はお話が長く登場人物も多いことが特徴といえるでしょう。お店の位置や、登場人物が買った物など、記憶しなければならないことが多く、非常に難しい問題といえます。このような問題を解くためにはまず、お話の内容をイメージずる力が必要になります。一朝一夕で身につけられる力ではないため、普段からの読み聞かせが大切になります。問題に慣れない場合は、お話の内容を短くする、設問を読み聞かせの途中に挟むなどして、難易度を落として取り組みましょう。また、登場人物の人数や、お店に陳列された品物など、設問にない質問を投げかけることも、練習に役立ちます。

【おすすめ問題集】
1話5分の読み聞かせお話集①②、　お話の記憶 初級編・中級編、
Ｊｒ・ウォッチャー19「お話の記憶」

## 問題23　分野：常識（日常生活）

〈準備〉　クーピーペン（黒）

〈問題〉　①走っているバスの中の絵です。この中で間違った事をしている人に×をつけてください。
②教室で授業をします。この中で間違った事をしている人に×をつけてください。

〈時間〉　各15秒

〈解答〉　下図参照

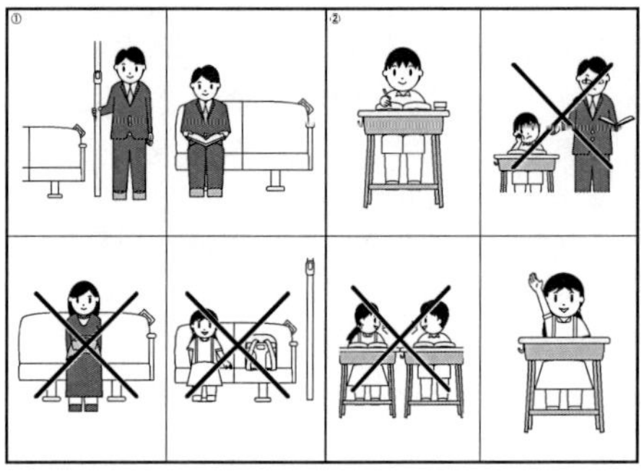

［2023年度出題］

### アドバイス

コロナ禍の生活を長期間にわたりしいられてきたお子さまは、幼児期の体験が不足していると言われています。実際に入学試験においても、常識問題において平均点が下がっていると言われています。特に、当校ではこのような常識に関する問題が頻出となっていることから、重視している分野の一つといえるでしょう。近年の入試を見ても、お子さまの常識に関する力は家庭の躾力と言われています。学校側は体験する場所が少ないからできなくていいとは考えていません。体験する場所が少ないなら、どのようにしたらお子さまが習得することができるのかを考え、対策を取る必要があると考えています。このような常識に関することは、入学試験だから身につける内容ではなく、お子さまの成長に伴い、身につけていかなければならない社会性に関する内容です。このような入試問題を家庭での対策の参考書ととらえて、日常生活に落とし込むことをお勧め致します。

【おすすめ問題集】
Ｊｒ・ウォッチャー12「日常生活」
口頭試問最強マニュアル 生活体験編

## 問題24　複合（常識・言語）

〈準備〉　クーピーペン（黒）

〈問題〉　左側の絵の中から乗り物の絵を選んで×をつけてください。残った絵の最初の音をつなぎ合わせてできるものを、右側の絵の中から選んで○をつけてください。他も同じようにやってください。

〈時間〉　２分

〈解答〉　下図参照

［2023年度出題］

### アドバイス

１つの問題に２つの内容の質問があります。問題は最後までしっかり聞くことです。乗り物を除くと、頭音つなぎの絵が少なくなります。残った数以上の音数の物ではないことが分かります。右にある絵で残った数の音数の物を探し、最初の音を順番に繋いでいくと解答が見つかります。試験会場では声を出せませんので初めから声に出さないで練習してみましょう。

【おすすめ問題集】

Ｊｒ・ウォッチャー11「いろいろな仲間」、17「言葉の音遊び」、
60「言葉の音（おん）」

**家庭学習のコツ②**　**「家庭学習ガイド」はママの味方！**

問題演習を始める前に、試験の概要をまとめた「家庭学習ガイド（本書カラーページに掲載）」を読みましょう。「家庭学習ガイド」には、応募者数や試験課目の詳細のほか、学習を進める上で重要な情報が掲載されています。それらの情報で入試の傾向をつかみ、学習の方針を立ててから、対策学習を始めてください。

## 問題25　分野：数量

〈準備〉　クーピーペン（７色）

〈問題〉　問題25-１の絵を見てください。それぞれのお家を通り抜けると、左側の●の数が右側のように変わります。
問題25-２の絵を見てください。左側の●が右下に来た時、どこを通ればこのような数になるでしょうか。通る道に赤い色で線を引いてください。

〈時間〉　２分

〈解答〉　下図参照

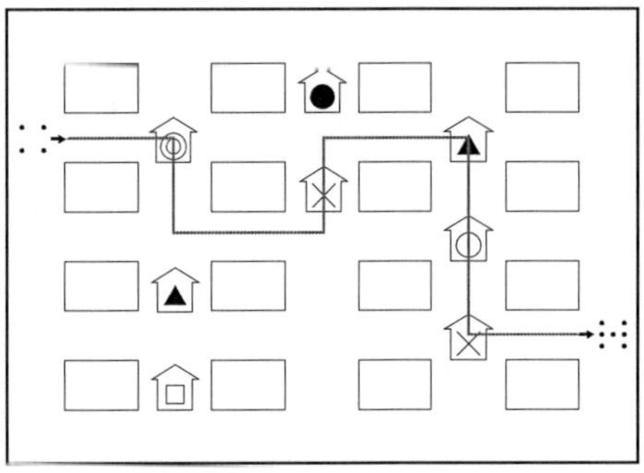

［2023年度出題］

### アドバイス

この問題は、問題17で出題した観点と同じで、出題形式の違うブラックボックスの問題です。約束を見て、数がどのように変化するのかを考えながら迷路を進んでいきます。前述の問題と違う所は、ブラックボックスの要素に、運筆、迷路の要素が加わっているというところです。コロナ禍になり、このような複合的な出題が増えてきており、お子さまの柔軟な思考力、探求心、知的好奇心などがより重要となってきています。複合的な問題だからといって、慌てる必要はありません。先ずは落ち着いて考えましょう。約束をしっかりと頭に入れて、ブラックボックスの要素を解き、解けたら、迷路を進んでいく。と、別々に考えていけば、特に難しいというものではなくなります。お子さまにとって、初見の問題は難しいと捉えてしまいます。そうならないためにも、色々な出題パターンの問題に触れて置くことをおすすめいたします。問題に対して決まった解き方だけで臨むと、このような新しい問題には対応できなくなってしまいますので、注意しましょう。

【おすすめ問題集】

Ｊｒ・ウォッチャー15「比較」、32「ブラックボックス」、
38「たし算・ひき算１」、39「たし算・ひき算２」、58「比較②」

## 問題26　分野：数量

〈準備〉　クーピーペン（７色）

〈問題〉　上に描いてあるお約束を見てください。上向きの△は２段上がり、下向きの▽は１段下がります。上向きの▲は３段上がり、下向きの▼は２段下がります。クマくんが左に描いてある印の通りに移動すると、どこにつきますか。その位置に旗を立てて旗に好きな色を塗ってください。ただし１度通ったところに戻ることはできません。

〈時間〉　１分

〈解答〉　下図参照

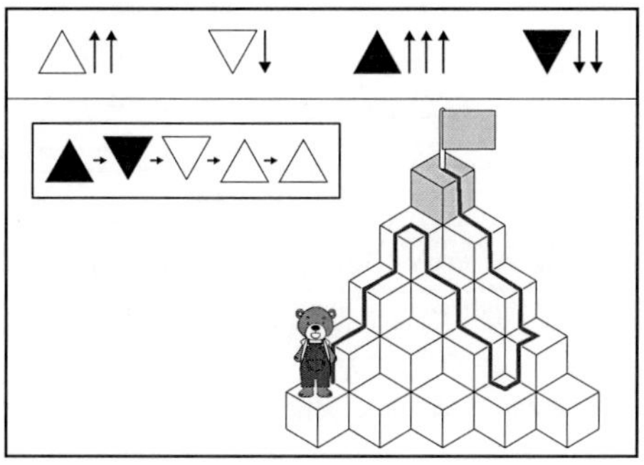


［2023年度出題］

## アドバイス

この問題は指示されたことをしっかりと聞き、約束にそって移動させる問題です。立体になっている分、難しいと感じるかもしれませんが、実は、マス目の移動（人が動くパターン）と比較すると、この問題の方が難易度は低い問題です。人の移動の問題は、向きによって左右が変わったりしますが、この問題ではそれがありません。単に上下の移動だけですから、落ち着いて解けば、きちんと解答できる問題です。ただ、ポイントとしては、一度通った道は通れないと指示がされています。移動する道のりをしっかりと見定め、落ち着いて問題を解いていきましょう。最後にいるマスに旗を描き、好きな色で塗ります。せっかく正解してても、この最後の指示を実行しなければ満点とはなりません。人の話を最後まで聞くことが普段からできていれば、その心配はないと思いますが、そうでない場合、最後の指示を実行せずに終わってしまうお子さまも多いと思います。

【おすすめ問題集】

Ｊｒ・ウォッチャー２「座標」、７「迷路」、31「推理思考」、47「座標の移動」

## 問題27　分野：お話の記憶

〈準備〉　クーピーペン（７色）

〈問題〉　お話を聞いて、次の質問に答えてください。

いつもより早起きをしたサルくん、今日はお隣のクマくんやウサギさん、キツネさん、それからタヌキくんの５人で海に魚釣りに行きます。お母さんが「たくさん釣ってきてね、今日の晩御飯のおかずはお魚にしますからね」と言うのでサルくんは「まかせてよ！家族みんなの分はちゃんと釣ってくるよ」と言いました。サルくんの家族はお父さん、お母さん、サルくんと弟の４人家族ですからサルくんは「よし！目標は４匹にしよう」と決めました。そのとき庭でお隣のクマくんが「そろそろ出掛けるよ」と声をかけてきたのでサルくんも「行ってきます」とお母さんに挨拶をして家を出ました。待ち合わせのバス停に行くとキツネさんとタヌキくんがいましたがウサギさんはまだ来ていません。そのうちに乗る予定だった赤色のバスが行ってしまいました。「ウサギさんどうしたんだろう。何かあったのかな」とタヌキくんが心配そうに言った時ウサギさんが来ました。でも「遅くなってごめんなさい」と言うだけで遅れた訳を言わないので「何で遅れた理由を言わないの」とタヌキくんが少し怒った顔で言いました。でもキツネさんが「まぁまぁ怒らないで、ちゃんと無事に来たのだから。ほらバスが来たわよ」と言ったのでみんな次に来た青色のバスに乗って海に向かいました。海につくとセミがにぎやかにミンミンと鳴いていました。みんなはそんなセミの声を聞きながら早速釣りを始めました。クマくんとタヌキくんは４匹、サルくんは３匹、キツネさんとウサギさんは２匹釣れました。でもサルくんは「４匹釣りたかったのにな」とちょっと残念そうに言いました。「初めてなのに3匹も釣れたんだからすごいわ」とウサギさんがなぐさめてくれました。その時タヌキくんのお腹がぐぅーっと鳴って「お腹が空いちゃったよ、どこかレストランに行こうよ」と言ったのでみんなも釣りをやめてお昼ご飯の時間にすることにしました。その時ウサギさんが「あのね」と言い出したのでみんながウサギさんに注目するとカバンの中からみんなのぶんのおにぎりと卵焼きを取り出しました。「どうしたのこれ」とサルくんが聞くと「実は朝早起きして作ったの。でも卵焼きがうまく作れなくて、それで時間がかかって遅刻しちゃったの。ごめんなさい」と言いました。タヌキくんは「わざわざ作ってくれたなんてありがとう。何も知らないで、さっきは怒ってごめんね。あの時すぐに言ってくれたら良かったのに」と言いました。ウサギさんは「照れ臭かったから」と言いました。タヌキくんとウサギさんは仲直りをしました。みんなはレストランへに行くのをやめて、ウサギさんの手作りのおにぎりと卵焼きを食べました。帰りのバスではみんな寝てしまいました。バス停でみんなと別れた後サルくんとクマくんは「今日は楽しかったね」「ウサギさんのおにぎり、おいしかったね」と言いあいながら家に向かいました。するとクマくんが「あっそうだ、僕の家族は３人だから１匹余るからサルくんにあげるよ」と言って魚を１匹サルくんに渡してくれました。「ありがとう」サルくんは大喜び。クマくんと別れて家に着いたサルくんは「ただいま」と元気よく言いました。

①サルくんの隣に住んでいるのは誰ですか。四角の中から選んで○をつけてください。
②みんなが初めに乗る予定だったバスは何色でしたか。左の四角にその色を塗ってください。みんなが乗ったバスの色を右の四角に塗ってください。
③タヌキくんがウサギさんを怒った時に怒らないように止めたのは誰でしたか。選んで○をつけてください。
④このお話の季節はいつだと思いますか。同じ季節の物を四角の中から選んで○をつけてください。
⑤ウサギさんが作ってきたお弁当は何でしたか。○をつけてください。
⑥みんなが釣った魚は全部で何匹でしたか。その数だけ魚に○を書いてください。

〈時 間〉　１分

〈解 答〉　①クマくん　②左―赤　右―青　③キツネさん
④夏―七夕・クワガタムシ・アジサイ　⑤おにぎり・卵焼き　⑥15匹

[2023年度出題]

**アドバイス**

長文の話ですが、内容としてはイメージのしやすい内容です。注意することは、釣った魚の数のところです。集中して聞きていれば惑わされないでしょう。当校のお話の記憶の特徴は、その年によっても異なりますが、割合複雑な内容の質問がありレベルの高い問題が多く出ています。読み聞かせは常に行い、長文の記憶にたえられるようにしておきましょう。

【おすすめ問題集】
１話５分の読み聞かせお話集①②、　お話の記憶 初級編・中級編、
Ｊｒ・ウォッチャー19「お話の記憶」

## 問題28　分野：見る記憶

〈準 備〉　クーピーペン（７色）

〈問 題〉　これから見せる絵をよく見て覚えてください。
（28-１の絵を20秒見せて伏せ、28-２の絵を渡す）
①今見た絵で桜の斜め右上にあったものに○をつけてください。
②今見た絵にあった春の季節の花に○をつけてください。
③今見た絵にあった野菜に○をつけてください。
（28－３の絵を渡す）
④今見た絵で元あった場所と違う場所に書いてあるものに×をつけてください。
⑤今見た絵には書いてなかったものに△を書いてください。

〈時 間〉　各20秒

〈解 答〉　①トマト　②○サクラ・チューリップ　③○ニンジン・トマト・キューリ
④×ヒマワリ・チューリップ・トマト・ニンジン　⑤△ダイコン・ミカン

[2023年度出題]

**アドバイス**

記憶して答える問題において、記憶時間の継続は、最たる課題のひとつです。お話の記憶のような問題は、話の内容どおりの順番で出題されることが多く、比較的解きやすい傾向にありますが、見る記憶においては、順番がありません。記憶の時間の継続がポイントとなるでしょう。お話の記憶や見る記憶の訓練として、お話がおわったら（絵を見終わったら）時間をおいて問題を出題するなどして、練習してみましょう。

【おすすめ問題集】
Ｊｒ・ウォッチャー20「見る記憶・聴く記憶」

## 問題29　分野：言語（クロスワード）

〈準備〉　サインペン

〈問題〉　左の四角の中のマス目には右の四角の中にある絵の名前が入ります。また、太く囲まれたマス目には同じ音が重なって入ります。左の四角の中のマス目のそれぞれの印のところにはどんな名前が入るでしょうか。その絵を右の四角の中から選んでその印を書いてください。

〈時間〉　各40秒

〈解答〉　下図参照

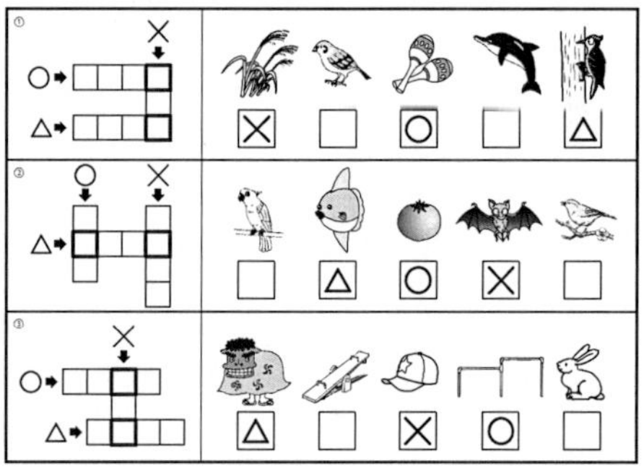

［2021年度出題］

### アドバイス

当校ではおなじみのクロスワード問題です。クロスワードという形ではありますが、考え方の基本はしりとりと頭音（尾音）探しの組み合わせになります。例えば、①では○と×はしりとりでつながり、×と△尾音でつながっています。お子さまは文字で考えられない分少し難しさはあるものの、しりとりや頭音（尾音）探しといった言語問題の基本的な考え方を理解していれば充分に対応できます。こうした、一見複雑そうな問題でも、基本がしっかりしていれば慌てる必要はありません。ちなみに今年度の入試では、日程によってクロスワードが出題されなかったこともあったようです。

【おすすめ問題集】

Ｊｒ・ウォッチャー17「言葉の音遊び」、18「いろいろな言葉」、49「しりとり」、60「言葉の音（おん）」

**問題30**　分野：図形（回転図形）

〈準 備〉　サインペン

〈問 題〉　一番上の段の見本を見てください。左の形を不思議な虫眼鏡で見ると右の形になります。
①②左の形を不思議な虫眼鏡で見るとどんな形になるでしょうか。選んで○をつけてください。
③　左の形を不思議な虫眼鏡で見るとどんな形になるでしょうか。マス目に印を書いてください。間違えてしまった場合は、×印をつけて新しいマス目に書き直してください。

〈時 間〉　①②各30秒　③１分

〈解 答〉　下図参照

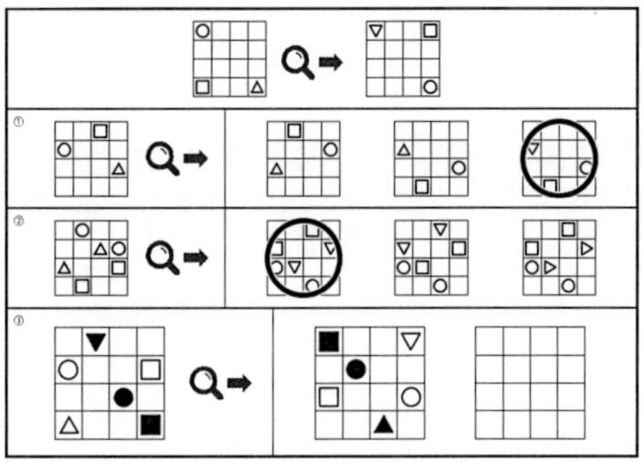

［2021年度出題］

## アドバイス

出題の仕方が推理問題のブラックボックスのような回転図形の問題です。保護者の方は、問題集に回転図形と書いてあるのですぐに理解できますが、実際の試験では何の問題かはわかりません。問題には回す（倒す）という回転図形ではおなじみの言葉も使われていません。形を見てどういう変化をしたのかを考えなければいけないのです。何を問われているのかを考えさせることが本問の出題意図と言うこともできます。ご家庭で学習に取り組む時も、どんな問題を解くのかを説明せず、お子さま自身に考えさせるようにしてみると、こうした問題への対応力を付けることができます。

【おすすめ問題集】
Ｊｒ・ウォッチャー32「ブラックボックス」、46「回転図形」

## 問題31　分野：言語（頭音探し）・常識（いろいろな仲間）

〈準備〉　サインペン

〈問題〉　左の絵とはじめの音が同じものに○を、同じ仲間のものに×をつけてください。

〈時間〉　各30秒

〈解答〉　下図参照

［2021年度出題］

### アドバイス

こうした複合問題は指示が複数出されることが多いので、答えはわかっているのに解答方法を間違えてしまったりすることがあります。まずは、しっかりと問題を聞くようにしましょう。何に○をつけるのか、何に×をつけるのかを常に頭に置きながら問題に取り組んでいく必要があります。解答を考えながら解答方法にも気を付けていくことは、お子さまにとっては意外と難しい作業だったりします。複数のことが同時に考えられるように、お手伝いなどの時にまとめて指示を出してみたりするとよいでしょう。それは話をよく聞くというトレーニングにもなるので一石二鳥です。

【おすすめ問題集】

Ｊｒ・ウォッチャー11「いろいろな仲間」、17「言葉の音遊び」、
60「言葉の音（おん）」

## 問題32　分野：常識（いろいろな仲間）

〈準　備〉　サインペン

〈問　題〉　四角の中の絵に関係あるものをそれぞれ線でつないでください。ただし、線同士が重なってはいけません。

〈時　間〉　１分30秒

〈解　答〉　下図参照（解答例）

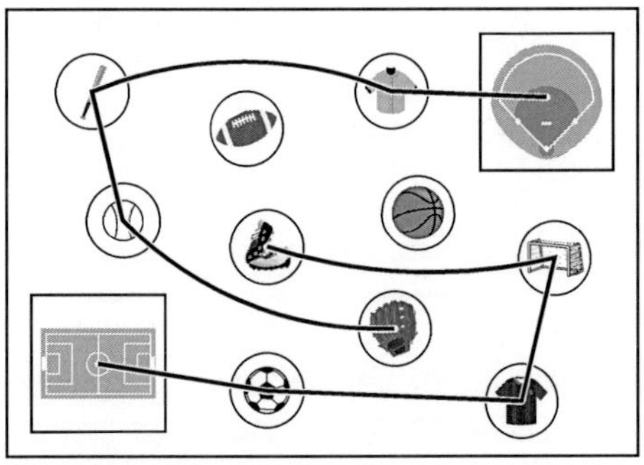

［2021年度出題］

### アドバイス

当校では同じ分野の問題でも出題の仕方や複合的な形をとって複数問出題されることがあります。本問も問題31と同様にいろいろな仲間（仲間探し）の問題ですが、問題自体の難しさではなく、解答方法への対応が中心になっていると言えるでしょう。問題を最後まで聞かず、「～線でつないでください」のところで解答を始めてしまうと、後々大変なことになってしまうかもしれません。答えはわかると思うので、どうやったら重ならないように線を引くことができるかが本問のポイントになります。当校はサインペンを使用するので、ペン先を紙に当てたままにしておくとインクが滲んでしまいます。考える時はペンを紙から離すようにしてください。細かなことですが注意しておきましょう。

【おすすめ問題集】

Ｊｒ・ウォッチャー11「いろいろな仲間」、31「推理思考」

**家庭学習のコツ③　効果的な学習方法～問題集を通読する**

過去問題集を始めるにあたり、いきなり問題に取り組んではいませんか？　それでは本書を有効活用しているとは言えません。まず、保護者の方が、すべてを一通り読み、当校の傾向、ポイント、問題のアドバイスを頭に入れてください。そうすることにより、保護者の方の指導力がアップします。また、日常生活のさまざまなことから、保護者の方自身が「作問」することができるようになっていきます。

## 問題33　分野：推理（位置の移動）

〈準備〉　サインペン

〈問題〉　上の段の見本を見てください。△は１段上がります。▽は１段下がります。▲は２段上がります。▼は２段下がります。
キツネが印の通りに移動するとどこに着くでしょうか。その位置に色を塗ってください。ただし、１度通ったところに戻ることはできません。

〈時間〉　１分

〈解答〉　下図参照

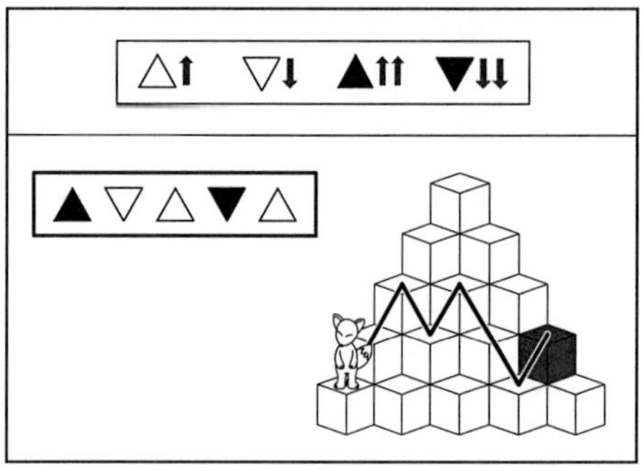


［2021年度出題］

## アドバイス

当校では、他校では見たことのないような問題がよく出題されます。座標の移動や地図の移動など、指示にしたがってコマを動かすという問題は時折見かけますが、それらは平面上の移動です。本問は立体での移動となるので難しさは数段上がります。ただ、指示通りに動けばルートは１つだけです。しっかりと指示を理解して進めていけば解けない問題ではありません。こうした難問と呼ばれる問題は、正解できればラッキーという意識で臨むのがよいのではないかと思います。限られた時間の中で優先して取り組むべきは、やはり基礎的な問題です。難しい問題にこだわりすぎて、足もとをおろそかにしないようにしましょう。

【おすすめ問題集】
Ｊｒ・ウォッチャー２「座標」、７「迷路」、31「推理思考」、47「座標の移動」

## 問題34　分野：お話の記憶

〈準備〉　サインペン

〈問題〉　お話を聞いて、後の質問に答えてください。

リスくんは４人家族。お父さんとお母さんと妹といっしょに暮らしています。今日は日曜日。朝からとってもいい天気だったのですが、急に空が暗くなってきました。お母さんが慌てて「雨が降りそうだから洗濯物をお家に入れて」と言いました。リスくんは、お母さんといっしょに洗濯物を取り込みました。そうするとすぐに雨が降ってきました。リスくんは「洗濯物が濡れなくてよかったね」とお母さんに言うと、「手伝ってくれたおかげよ。ありがとう」と言って、ご褒美にイチゴのアイスをくれました。妹が「私も欲しい！」と言ったので、半分分けてあげました。庭を見ると、アジサイの花が雨に濡れてキラキラ輝いて見えました。
雨で外に行けないのでお家にいると、お父さんが「トランプをしよう」と声をかけてきました。リスくんも妹も「やる！」と喜んでいます。「何をしようか」とお父さんが聞くと、妹は「ババ抜きがいい！」と言い、リスくんは「七並べがしたい」と言いました。お父さんは「じゃあジャンケンで決めなさい」と言ったので、ジャンケンをすると妹が勝ちました。お母さんも呼んで、みんなでトランプを楽しみました。
遊んでいるうちに雨はやみ、太陽が出てきました。リスくんは「晴れたから公園に遊びに行く！」と言って出ていこうとしましたが、お母さんが「外は暑いからこれを持っていきなさい」と水筒を渡してくれました。公園に着くと、ネコさん、キツネくん、クマさん、サルくんが遊んでいました。リスくんもみんなといっしょに遊ぶことにしました。すべり台で遊んで、ブランコに乗り、ジャングルジムにも登りました。遊んでいるうちに夕方になったので、みんなは「また、遊ぼうね」と言ってお家に帰りました。
お家に着くと、晩ごはんの準備ができていました。今日はカレーライスです。それだけではなく、唐揚げもあります。とってもおいしかったので、リスくんは唐揚げを３つも食べてしまいました。お父さんとお母さんは２つずつ、妹は１つ食べました。ごはんを食べた後、お母さんが絵本を読んでくれました。お話は「桃太郎」です。お話を聞いているうちに妹は眠ってしまいました。「今日はここまでにしましょう」とお母さんが言ったので、お話の途中で終わってしまいました。リスくんはもっと聞いていたかったので残念に思いました。

（問題34の絵を渡す）
①このお話に出てこなかった動物はどれでしょうか。選んで○をつけてください。
②このお話の季節と同じものはどれでしょうか。選んで○をつけてください。
③リスくんが公園に持っていったものは何でしょうか。選んで○をつけてください。
④リスくんの家族は晩ごはんに唐揚げをいくつ食べたでしょうか。その数の分だけ○を書いてください。
⑤お母さんが読んでくれた絵本に出てこなかったものはどれでしょうか。選んで○をつけてください。
⑥これから言うことがお話と合っていれば○を、間違っていたら×をそれぞれの印のところに書いてください。
イチゴ「お庭に咲いていたのはヒマワリの花です」
リンゴ「リスくんと妹が食べたのはチョコレートです」
バナナ「家族で遊んだトランプはババ抜きです」

〈時間〉　各20秒

〈解答〉　①真ん中（イヌ）　②左から２番目（夏）　③右から２番目（水筒）
④○：８　⑤右から２番目（ネコ）　⑥イチゴ：×、リンゴ：×、バナナ：○

［2021年度出題］

## アドバイス

お話はやや長めですが、質問自体はそれほど難しいものではないので、しっかり聞くことができていれば充分に対応できます。⑤では、お話の内容とは関係のない「桃太郎」の知識が問われますが、さすがにこのくらいのことはわかっていてほしいところです。もし「桃太郎」を知らなかったとしたら、読み聞かせが足りないということです。お話の記憶の基本は、お話を「聞く」ことです。お話を聞くことができれば、自然と内容も理解できるようになります。内容が理解できれば、質問にも答えることができるようになります。「聞く」ことがすべての基礎になってくるのでしっかりと土台作りをするようにしてください。

【おすすめ問題集】

1話5分の読み聞かせお話集①・②、お話の記憶問題集 初級編・中級編・上級編、
Ｊｒ・ウォッチャー19「お話の記憶」

## 問題35　分野：数量（たし算・ひき算）

〈準　備〉　サインペン

〈問　題〉　くだものの真ん中に回るテーブルがあります。ただし、回るのは外側だけです。
①テーブルがイチゴのところからブドウのところまで回りました。ブドウのところには合わせていくつ☆があるでしょうか。その数の分だけ〇を書いてください。
②テーブルがリンゴのところからミカンのところまで回りました。バナナのところにある外側と内側の☆の数はいくつ違うでしょうか。その数の分だけ〇を書いてください。
③サクランボのところにある☆の数を合わせて9個にするためには、サクランボのところからどのくだもののところまでテーブルを回せばよいでしょうか。選んで〇をつけてください。

〈時　間〉　各30秒

〈解　答〉　①〇：10　②〇：1　③上段真ん中（イチゴ）

［2021年度出題］

## アドバイス

最終的にはたし算とひき算の問題なのですが、そこにたどり着くまでが大変です。頭の中で考えていても理解を深めることが難しいので、実際にテーブルを回して、目で見ながら考えていくことが有効な方法と言えるでしょう。本問を切り取って外側のテーブルを回しながら考えてみてください。1つ回す（動かす）とどう変化するのか、2つ回すとどうかというように手を動かして目で見ることで、頭の中でも動かすことができるようになっていきます。本問は数量の問題ではありますが、頭の中で形を動かすという図形感覚をしっかり持っていないと対応に苦労する問題になっています。

【おすすめ問題集】

Ｊｒ・ウォッチャー38「たし算・ひき算1」、39「たし算・ひき算2」

## 問題36　分野：推理（シーソー）

〈準備〉　サインペン

〈問題〉　一番上の段を見てください。このようにシーソーがつり合っています。
①②この絵のように形が載っている時、シーソーはどちらに傾くでしょうか。傾く方に○をつけてください。シーソーがつり合う時は真ん中に○をつけてください。
③　左側にこの形が載っている時、右側に□をいくつ載せるとつり合うでしょうか。右側にその数の分だけ□を書いてください。

〈時間〉　①②各１分　③１分30秒

〈解答〉　下図参照

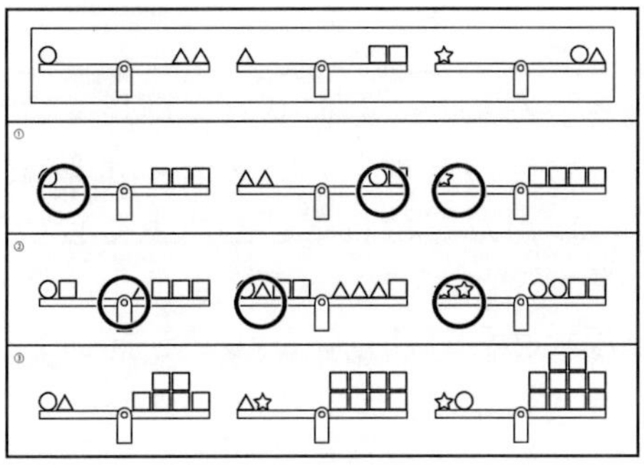

［2021年度出題］

### アドバイス

置き換えという考え方をしっかりと持っていないと本問を解くことは難しいでしょう。簡単に言ってしまえば、すべてを「□」に置き換えてしまえばどちらに傾くかは一目瞭然ということです。そのためには、「○」は「□」いくつ分、「△」は「□」いくつ分、「☆」は「□」いくつ分ということをまず頭に入れておく必要があります。③はまさにそのことが問題になっています。一概にシーソーの問題といっても、誰が１番重いかというのは比較の問題ですし、本問は置き換えの問題というように考え方が違ってきます。何を問われているかによって考え方も異なるので、どんな問題なのかをとらえる力も重要になってきます。

【おすすめ問題集】
Ｊｒ・ウォッチャー15「比較」、33「シーソー」、57「置き換え」、58「比較②」

## 問題37　分野：制作（絵画）

〈準備〉　クーピーペン（12色）

〈問題〉　**この問題の絵はありません。**
「最近できるようになったこと」「今がんばっていること」「家族で行きたいところ」「コロナが終わったらしたいこと」などの課題に沿った絵を描く。描き終わった後、描いた絵についての質問がある。

〈時間〉　適宜

〈解答〉　省略

［2021年度出題］

### アドバイス

制作課題ではありますが、絵の出来が問われることはほとんどありません。細かな指示がある場合は別ですが、こうした大まかなテーマが課題となっている場合は評価の基準を定めにくいので、描いた後に行われる質問の方に重点が置かれることが多くあります。つまり、本問は制作という形をとった口頭試問と言うことができるでしょう。ここでは、お子さまの考えをお子さまの言葉で表現することが求められます。その絵を描いた理由を説明できる必要があるのです。こうした、自分の考えを言葉にするという課題は、最近の小学校入試ではよく出題されるようになってきています。ふだんの生活の中でもそうした機会を作ってあげるとよいでしょう。

【おすすめ問題集】
Ｊｒ・ウォッチャー22「想像画」、24「絵画」、
新 口頭試問・個別テスト問題集、新 ノンペーパーテスト問題集

## 問題38　分野：運動

〈準備〉　階段、マット、鉄棒、平均台、フープ

〈問題〉　**この問題は絵を参考にしてください。**
【サーキット運動】
①階段（３段）を登りマットに飛び降りる。
②鉄棒にぶら下がる（５秒間）。
③飛行機のポーズをとる。
④平均台を渡る。
⑤ケンパーをする。
⑥後ろ向きで進み、先生の合図で前を向いてスキップをする。

〈時間〉　適宜

〈解答〉　省略

［2021年度出題］

## アドバイス

多少の変化はありますが、例年5～6個の運動課題がサーキット形式で行われています。特に細かな指示は出されていないようですが、それだからこそすべてが観られているとも言えます。運動にはつきものの待つ時間もその1つです。保護者の方はどんな課題が出るのかばかりに注目しがちですが、実は取り組む姿勢や待つ時の態度の方が重要なのです。もちろん、課題がうまくできるに越したことはありませんが、できなかったとしてもあきらめずに課題に取り組んでいれば、評価はしてもらえます。上手にやろうとするのではなく、指示を守って一生懸命に取り組むことが大切だということをお子さまに伝えてあげてください。

【おすすめ問題集】
新 運動テスト問題集、Ｊｒ・ウォッチャー28「運動」

## 問題39　分野：行動観察

〈準 備〉　ビニールテープで４×４のマス目（１マス１メートル程度）を作る。

〈問 題〉　この問題の絵はありません。
（３人１組で行う）
【オニごっこ】
マス目の中でオニごっこをする。逃げる人が１マス動くとオニも１マス動くことができる。動けるのは前後左右のみ（斜めには動けない）。オニと逃げる人が同じマスに入ったらオニに捕まったことになり、オニを交代する。

〈時 間〉　適宜

〈解 答〉　省略

[2021年度出題]

## アドバイス

楽しそうなゲームなのでお子さまは夢中になってしまうかもしれません。ゲームに熱中するあまりお子さまの本当の姿が見えてくることもあるでしょう。それが学校のねらいでもあります。そうした状況でもルールや指示を守れるのか、自分勝手になっていないかなどが観られています。こうした行動観察は、集団の中でお子さまがどういった行動をするのかを観るものです。それは小学校入学後の集団行動に適応できるかどうかのシミュレーションでもあります。学校によっては、ペーパーテストの成績がよくても行動観察がダメで不合格になるということもあるので、ペーパーテスト以外もおろそかにしないようにしましょう。

【おすすめ問題集】
Ｊｒ・ウォッチャー29「行動観察」

## 問題40　分野：親子面接

〈準備〉　なし

〈問題〉　この問題の絵はありません。

【保護者へ】
・本校を選んだ理由をお聞かせください。
・本校のほかに併願校はありますか。
・通っている幼稚園（保育園）を選ばれた理由を教えてください。
・お子さまは幼児教室に通っていますか。
・どこの幼児教室に通っていましたか。
・幼児教室に通ってお子さまに変化はありましたか。
・どのようなお仕事をされていますか。
・お休みの日はどのように過ごされていますか。

【志願者へ】
・お名前を教えてください。
・生年月日と住所を教えてください。
・幼稚園（保育園）の担任の先生のお名前を教えてください。
・幼稚園（保育園）では何をして遊びますか。
・お父さんとお母さんとお休みの日に何をして遊びますか。
・お家でどんなお手伝いをしていますか。
・大きくなったら何になりたいですか。それはなぜですか。
好きな本は何ですか。その本をなぜ好きなのですか。

〈時間〉　15分程度

［2021年度出題］

### アドバイス

オーソドックスな小学校入試面接と言えるでしょう。基本的には一問一答の形で面接が行われています。だからと言ってマニュアル通りの受け答えをしていては何のプラスにもなりません。保護者が目立つ必要はありませんが、きちんと自分の考えを自分の言葉で伝えられるようにしてください。それはお子さまにも求められる力です。何を問われているのかを理解し、それに則して答えられるという、いわばコミュニケーション能力が重要になります。まずは、家庭内でのコミュニケーションをしっかりとることから始めましょう。

【おすすめ問題集】
新 小学校受験の入試面接Ｑ＆Ａ、家庭で行う面接テスト問題集、
保護者のための面接最強マニュアル

◎学習効果を上げるため、前掲の「家庭学習ガイド」及び「合格のためのアドバイス」をお読みになり、各校が実施する入試の出題傾向を、よく把握した上で問題に取り組んでください。
◎冒頭の「本書ご使用方法」「本書ご使用にあたっての注意点」も併せてご覧ください。

# 〈開智所沢小学校〉

## 2024年度の最新入試問題

**問題41**　分野：記憶（お話の記憶）　※ペーパーA

〈準 備〉　クーピーペン（黒、赤、青、黄、緑）
①の買い物かごを赤、青、黄、緑に塗っておく。

〈問 題〉　お話をよく聞いて、質問に答えてください。
今日は雲ひとつないあたたかい春の一日です。子ネコのミーちゃんはお母さんネコにお使いをたのまれました。そこで青色の買い物かごをもってスーパーマーケットに行くことにしました。家を出てすぐの道の両側には赤・青・黄色のたくさんのチューリップが咲いていました。横断歩道を渡ると公園がありました。そこではお友だちのウシのもーくんが弟と一緒にシーソーでたのしそうに遊んでいました。公園を過ぎると橋がありました。橋を渡ると交番があり、ここにはパトカーが止まっていました。イヌのおまわりさんが立っていたのでミーちゃんは挨拶をして通り過ぎました。ミーちゃんがスーパーマーケットで買い物をしているとお父さんと手を繋いで歩いているブタのぷーた君と会いました。ミーちゃんはお母さんにたのまれたものを買い外に出ました。帰りも行きと同じ道を通って帰りました。帰り道ではヒツジのメリーさんに会いました。今日買ってきたものでお母さんが作ってくれる料理を楽しみにしながらお家に帰りました。

①子猫のミーちゃんがお買い物に持っていったかごとして正しいものに○をつけてください。
②子猫のミーちゃんがお買い物の途中に見た花として正しいものに○をつけてください。
③ウシのもーくんが弟と一緒に遊んでいたものとして正しいものに○をつけてください。
④子猫のミーちゃんがお使いの途中で見た車として正しいものに○をつけてください。
⑤お話の中でミーちゃんが出会った動物として正しいものすべてに○をつけてください。

〈時 間〉　①②③④各10秒　⑤30秒

〈解 答〉　①青いかご　②チューリップ　③シーソー　④パトカー
⑤ウシ、イヌ、ブタ、ヒツジ

## アドバイス

問題の解説はスライドで行われます。解答用紙もカラーなので、色を選ばせる問題等も出題されます。お話の問題としては短めですが、登場人物は多く出てきます。注意深く聴いていないと聞き漏らしてしまうので、集中力が必要です。内容をイメージする力を養い、正答率を上げましょう。記憶・イメージの練習は、お話の読み聞かせはもちろんですが、お子さま自身がその日あったことや、創作したお話を話すことでも能力の向上が図れます。きちんと話を聴くこと、的確に自分の話を伝えることは、試験以上にお子さまの人生に大きく関わってきます。広く深くコミュニケーションを取って、お子さまとの時間を実りあるものにしてください。

【おすすめ問題集】

1話5分の読み聞かせお話集①②、　お話の記憶 初級編・中級編、上級編、
Ｊｒ・ウォッチャー19「お話の記憶」

## 問題42　分野：言語（しりとり）　※ペーパーA

〈準 備〉　サインペン（赤）

〈問 題〉　**この問題の絵は縦に使用して下さい。**
左の四角の絵からしりとりで３つつなげてください。使わなかった絵に○をつけてください。

〈時 間〉　４分

〈解 答〉　①キリン　②クワガタ　③カバ　④タコ　⑤フラミンゴ
⑥コアラ　⑦シイタケ　⑧龍　⑨スキー　⑩ウマ

## アドバイス

シンプルなしりとりの問題です。時間も４分と長めに設定されているので、丁寧に解いていけば戸惑うことはないでしょう。必要とされるのは語彙力と知識量です。普段から目にしたものを積極的に言葉にしたり、同じものでも違う言葉に言い換えてみるなど、楽しい遊びの延長でお子さまの能力を高めていくことが望ましいでしょう。知識の定着には時間が必要ですので、早めの対策をおすすめします。

【おすすめ問題集】

Ｊｒ・ウォッチャー17「言葉の音遊び」、49「しりとり」、60「言葉の音(おん)」

## 問題43　分野：ブラックボックス　※ペーパーB

〈準　備〉　サインペン（赤）

〈問　題〉　（問題43-１の絵を見せる）
絵を見てください。サイコロの２の目がついた白い箱に車を３台通すと５台になります。サイコロの２の目がついた黒い箱に車を３台通すと１台になります。白の箱は増える。黒の箱は減るというお約束がわかります。
この問題の絵は縦に使用して下さい。
（問題43-２、43-３の絵を渡す）
このお約束をふまえて、それぞれの箱を通すといくつになるでしょう。四角の中にその数の分だけ○を書いてください。
（問題43-４、43-５の絵を渡す）
箱のお約束は変わりませんが、サイコロの目がわかりません。正しいと思うものに○をつけてください。

〈時　間〉　各２分

〈解　答〉　①○：４　②○：２　③○：10　④○：２　⑤○：８
⑥○：10　⑦○：１　⑧○：２　⑨○：10　⑩○：８
⑪１　⑫３　⑬５　⑭４　⑮１、２　⑯４、３　⑰４、４

### アドバイス

ブラックボックスの問題ですが、サイコロの目がついているので理解しやすいでしょう。簡単な問題ですが設問数が多いので、流れ作業的になってしまうと勘違い、計算間違いが起こりやすくなります。１問１問気持ちを切り替えて丁寧に解きましょう。後半に進むにつれ、扱う数も多くなりますので、正確に数えるちからと、たし算・ひき算のちからが必要になります。特に数え方は練習次第でスピードアップが図れますので、類題をたくさん解いて慣れておくことをおすすめします。

【おすすめ問題集】
Ｊｒ・ウォッチャー32「ブラックボックス」、38「たし算・引き算１」、
39「たし算・引き算２」、43「数のやりとり」、NEWウォッチャーズ私立数量①・②
苦手克服問題集　数量

## 問題44　分野：鏡図形　※ペーパーB

〈準備〉　サインペン（赤）

〈問題〉　左の絵を見てください。絵を描いた紙を太い線にそって折ると、反対側に絵がうつります。このように、左の四角の絵を太い線で折るとどのようにうつるでしょうか。正しいものに○をつけてください。

〈時間〉　各20秒

〈解答〉　下図参照

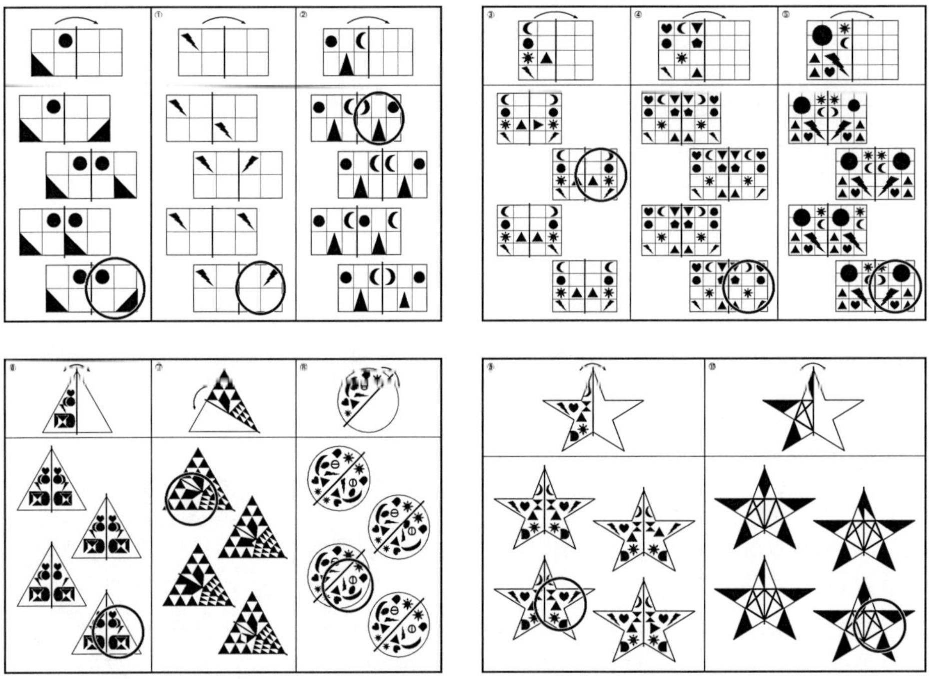

## アドバイス

鏡図形の問題の解き方は、反転の基準となる線を自分の正面に置いて、左右に反転させた絵をイメージする、というほかはありません。反転させた形状や、基準の線からの距離などを、どれだけ正確にイメージできたかで、正解を見つけるスピードが変わってきます。慣れてくると、図形の中で反転すると変わる部分がわかるようになってきます。そうすると、チェックしなければいけない部分が限定され、正解の選択肢も自然と見つかるようになるでしょう。

【おすすめ問題集】

Ｊｒ・ウォッチャー８「対称」、48「鏡図形」、NEWウォッチャーズ私立図形①②、苦手克服問題集　図形

## 問題45　分野：推理　※ペーパーB

〈準 備〉　サインペン（赤）

〈問 題〉　**この問題の絵は縦に使用して下さい。**

（問題45-１の絵を渡す）

一番上の絵を見てください。雷のマークが書かれた紙があります。ジャンケンをして、勝った方から線に沿ってまっすぐ紙を切り、雷マークの入った紙を相手に渡します。最後に雷マークの紙をもらうと負けになります。

（問題45-２、45-３の絵も渡す）

ここから問題です。男の子がジャンケンで勝ちました。男の子が図のように切ったとき、次に女の子はどこを切れば勝てるでしょうか。正しいと思うはさみのマークに○をつけてください。

〈時 間〉　①②③各１分　④⑤⑥各１分30秒　⑦⑧各１分45秒　⑨⑩各２分

〈解 答〉　下図参照

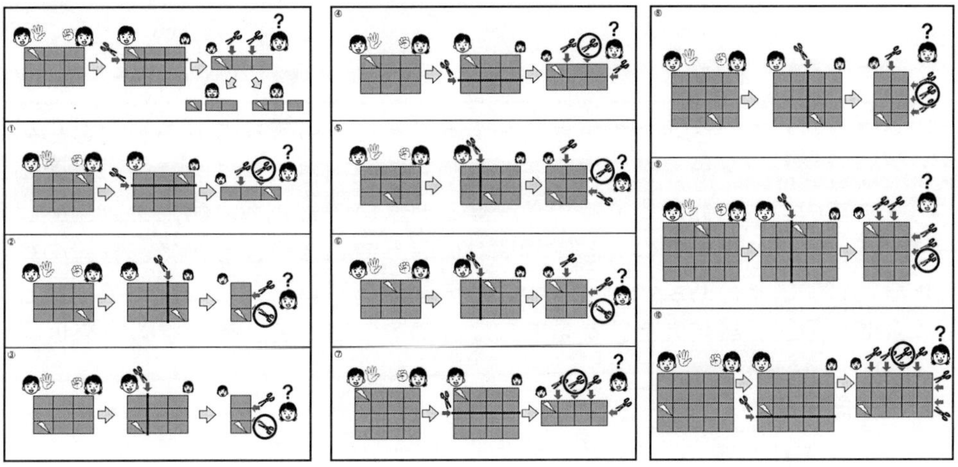

## アドバイス

この問題は、いかに自分が雷マークを切り出すか、いかに相手に最後のはさみを入れさせないかという推理問題です。１列の場合は雷マークの横を切れば勝ちになりますが、残りが２列以上ある場合は作戦を考えないと負けになってしまいます。実際の紙を切って試すのが一番理解しやすいのですが、試験の場合はそうはいきません。頭の中で２手、３手先を読むことが必要になってきます。ご家庭では紙を用意して、実際にお子さまと試してみてください。何度か遊ぶうちに理屈や要領が掴めてくると思います。勝つ手順がわかると頭の中でシミュレーションが出来ますから、同様の推理問題を解く場合のヒントや、解くモチベーションになるのではないでしょうか。

【おすすめ問題集】

Ｊｒ・ウォッチャー31「推理思考」、NEWウォッチャーズ 私立推理①・②、苦手克服問題集　推理

## 問題46　分野：巧緻性

〈準　備〉　紙コップ、画用紙、ウェットティッシュ、はさみ、スティックのり、クレヨン（16色）

〈問　題〉　**この問題の絵はありません。**
今から空飛ぶ乗り物と、その乗り物に載っている不思議な生き物を作ってもらいます。
①画用紙にクレヨンで、耳が2つと長い尻尾の不思議な生き物を描いてください。
②紙コップの半分まで、はさみで切り込みを６つ以上入れてください。切ったところは外側に折り曲げてください。
③紙コップに、生き物を描いた画用紙を貼り付けてください。
④片付けをしてください。（試験では、家から持ってきたはさみ、のり、クレヨンをかばんにしまい、手や机をお手拭きできれいにする）

〈時　間〉　15分

〈解　答〉　省略

### アドバイス

まず初めに実在しない想像上の生き物を描くことになりますが、パッとひらめいて描き始められるかどうかは、描き慣れているかどうかで左右されます。練習は課題画だけに偏らず、お子さまの自由な発想でお絵描きをするとよいでしょう。実際の試験のときには、何を描こうかあれこれ迷っていると時間切れになってしまいますので、普段の練習の時間に時間を設定してみるのもよいでしょう。時間配分の感覚を身につけておくことは、制作に限らず全ての分野、試験において重要なことですので、ぜひおすすめいたします。

【おすすめ問題集】
Ｊｒ・ウォッチャー23「切る・貼る・塗る」、24「絵画」、
実践ゆびさきトレーニング①・②・③

**家庭学習のコツ①　「先輩ママのアドバイス」を読みましょう！**

本書冒頭の「先輩ママのアドバイス」には、実際に試験を経験された方の貴重なお話が掲載されています。対策学習への取り組み方だけでなく、試験場の雰囲気や会場での過ごし方、お子さまの健康管理、家庭学習の方法など、さまざまなことがらについてのアドバイスもあります。先輩ママの体験談、アドバイスに学び、ステップアップを図りましょう！

## 問題47　分野：行動観察

〈準 備〉　1枚に1つ動物の絵柄が入ったカード

〈問 題〉　**この問題の絵はありません。**
3～4人がグループになって神経衰弱を行います。
その後、グループで相談しながら、神経衰弱のカードにあるそれぞれの動物から見て取れる共通点を探し、カードを仲間分けします。

〈時 間〉　適宜

〈解 答〉　省略

### アドバイス

グループで何かを制作する考査では行動が観察されています。入学後、集団行動するときの協調性、積極性などが観点となるでしょう。１人だけ進めていても１人だけやらなくてもよくありません。みんなで協力する姿勢が大切です。何をどのように作るのかをみんなできちんと話し合いながら進めていかなければなりません。勝手にしてしまうことがないようにしましょう。

【おすすめ問題集】
Ｊｒ・ウォッチャー11「いろいろな仲間」、29「行動観察」

## 問題48　分野：運動

〈準 備〉　ボール（ドッジボール程度）、養生テープ、ラダー（養生テープで代用）、ミニハードル、お盆、プラスチックのコップ　2個、児童用平均台

〈問 題〉　**この問題の絵はありません。**
①バウンドキャッチ：１辺1.5ｍの四角の中で1回ドリブルし、キャッチしてください。この動作を3回やってください。（キャッチできない、ドリブルが腰の高さまでできない、線から出てしまうのはカウントしない）
②クマ歩き：手足を地面につき、膝を伸ばしお尻を上げた「クマの姿勢」で３ｍ歩いてください。
③両足ジャンプ：はしご型に貼った養生テープを踏まないように、リズムよくジャンプしてください。（３、５、７、９、番目に箱を置き、高さをつける）
④もの運び：プラスチックのコップ２つを乗せたお盆を持って、片道234.3cmの道のタイムを測ります。その後平均台の上を歩きます。（ものを１つ落とす、平均台から落ちるごとに-１秒）

〈時 間〉　適宜

〈解 答〉　省略

## アドバイス

４種類の動作を順にこなしていきます。目だけではなく、耳でもきちんと指示を聞きましょう。運動や行動観察では、非常に周りの行動に影響されやすくなります。前で行った子が間違えていた場合でも、同じようにしてしまうことがあります。そのようなときでも自分で聞いたことに自信を持って行うことが大切です。ボールの扱い、柔軟性、ジャンプ、バランスの要素とともに、集団内での行動観察までしっかりと観られています。はしゃいだりふざけたりしないよう、注意してあげてください。

【おすすめ問題集】

Ｊｒ・ウォッチャー25「生活巧緻性」、28「運動」、新　運動テスト問題集

## 問題49　分野：志願者面接／保護者面接

〈準 備〉　なし

〈問 題〉　この問題の絵はありません。

【志願者へ】

・お名前を教えてください。
・生年月日と住所を教えてください。
・幼稚園（保育園）の名前を教えてください。
・内と外でどんな遊びが好きですか。
・好きな食べ物と嫌いな食べ物は何ですか。
・嫌いな食べ物が出たらどうしますか。

【保護者へ】

・お子さまは幼児教室に通っていますか。
・どこの幼児教室に通っていましたか。
・本校のほかに併願校はありますか。
・通学ルートについて教えてください。

〈時 間〉　15分

〈解 答〉　省略

## アドバイス

面接は親子別々で行われました。保護者面接ではあまり多くのことは聞かれず、学校の説明をしてくれるなど、終始穏やかな雰囲気だったそうです。とはいえ面接の時間ですから、志願者、保護者それぞれしっかりと観られています。雰囲気に舞い上がることなく、落ち着いて受け答えができるよう、事前に対策しておきましょう。

【おすすめ問題集】

新 小学校受験の入試面接Ｑ＆Ａ、家庭で行う面接テスト問題集、
保護者のための面接最強マニュアル

# 問題1

①

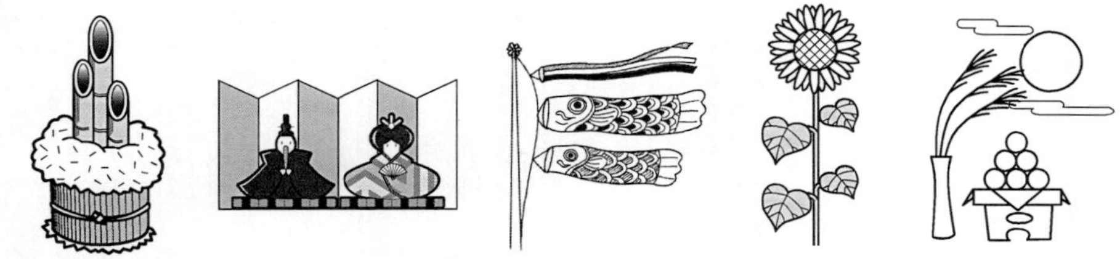

②

③

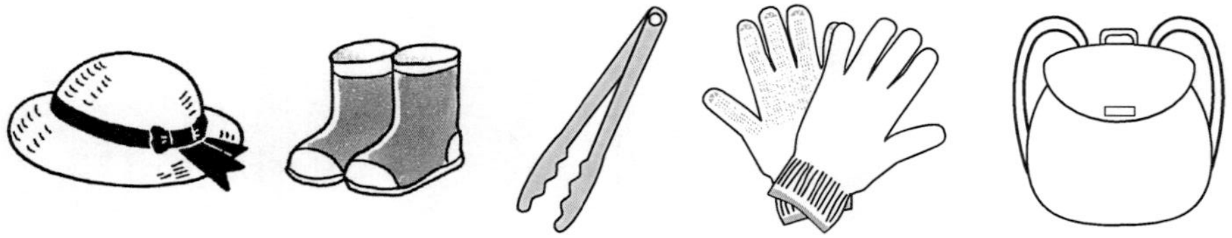

④

⑤

⑥

# 問題2－1

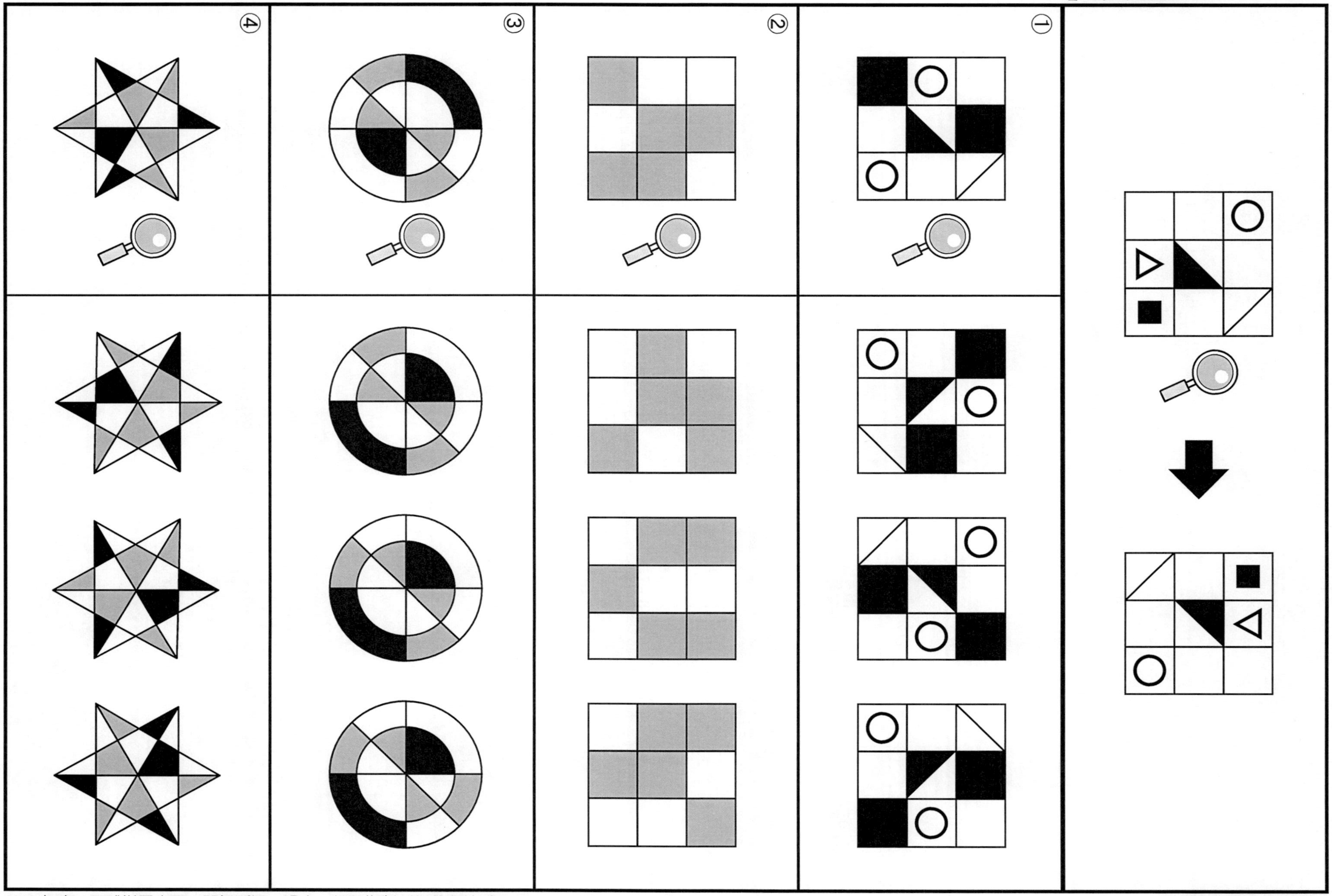


 

日本学習図書株式会社

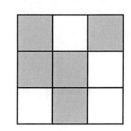

# 問題２－２

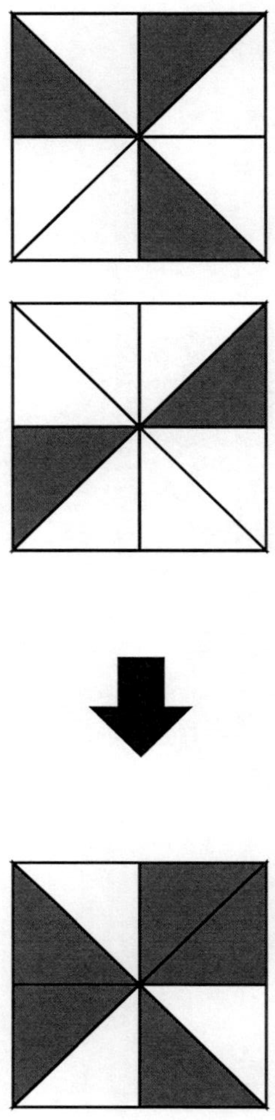

⑤

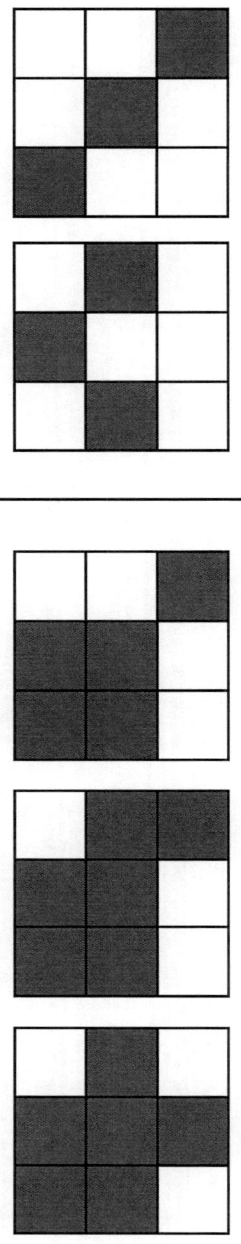

⑥

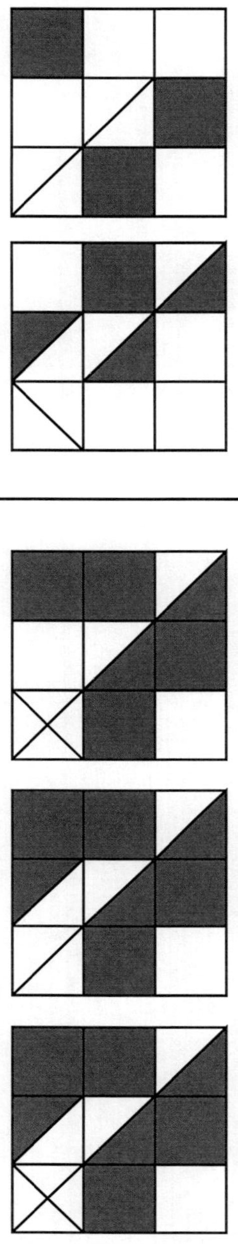

⑦

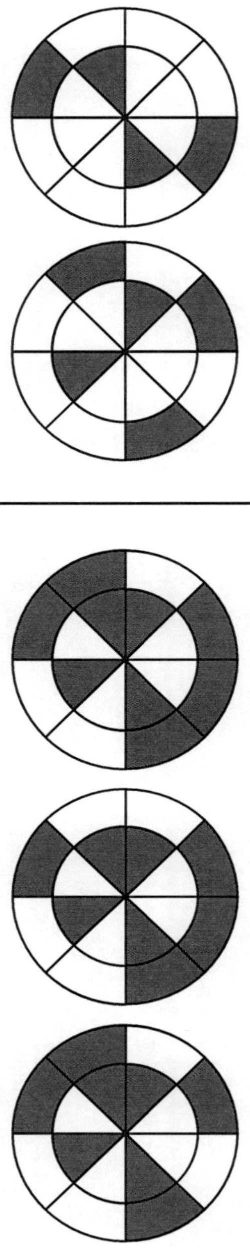

⑧

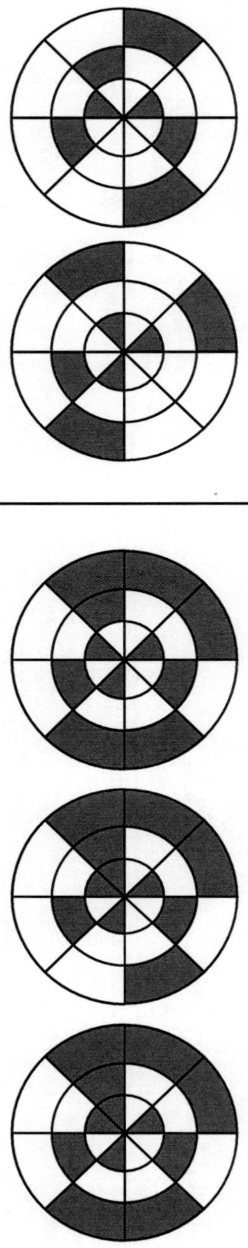

①

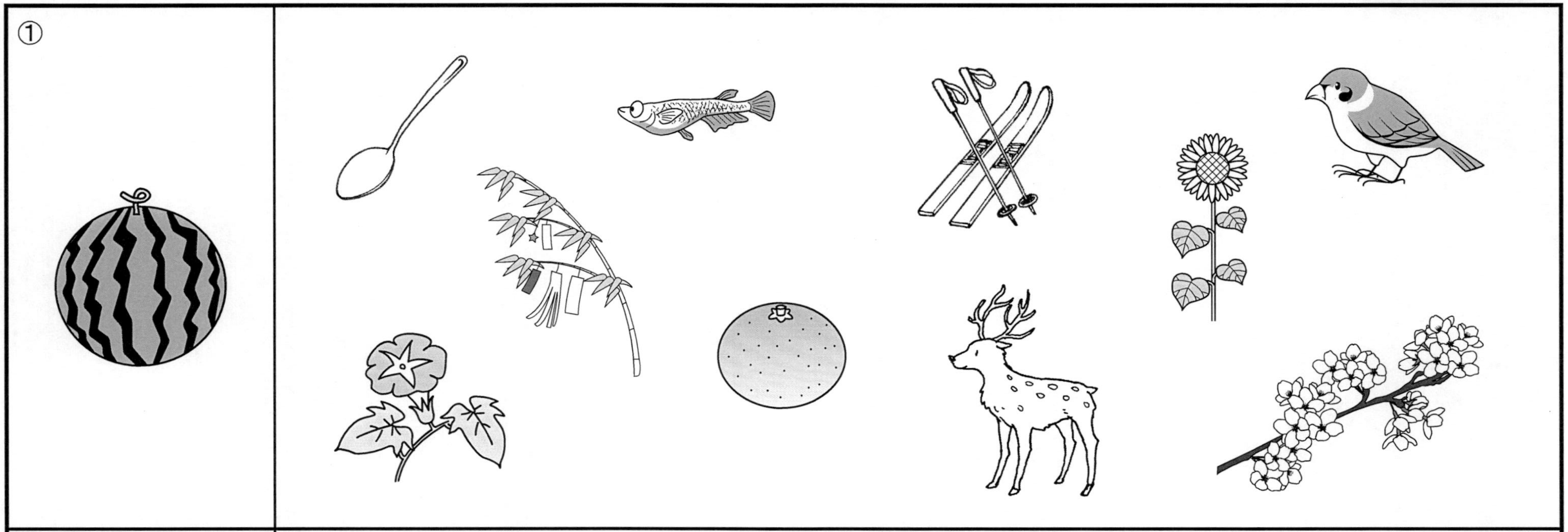

②

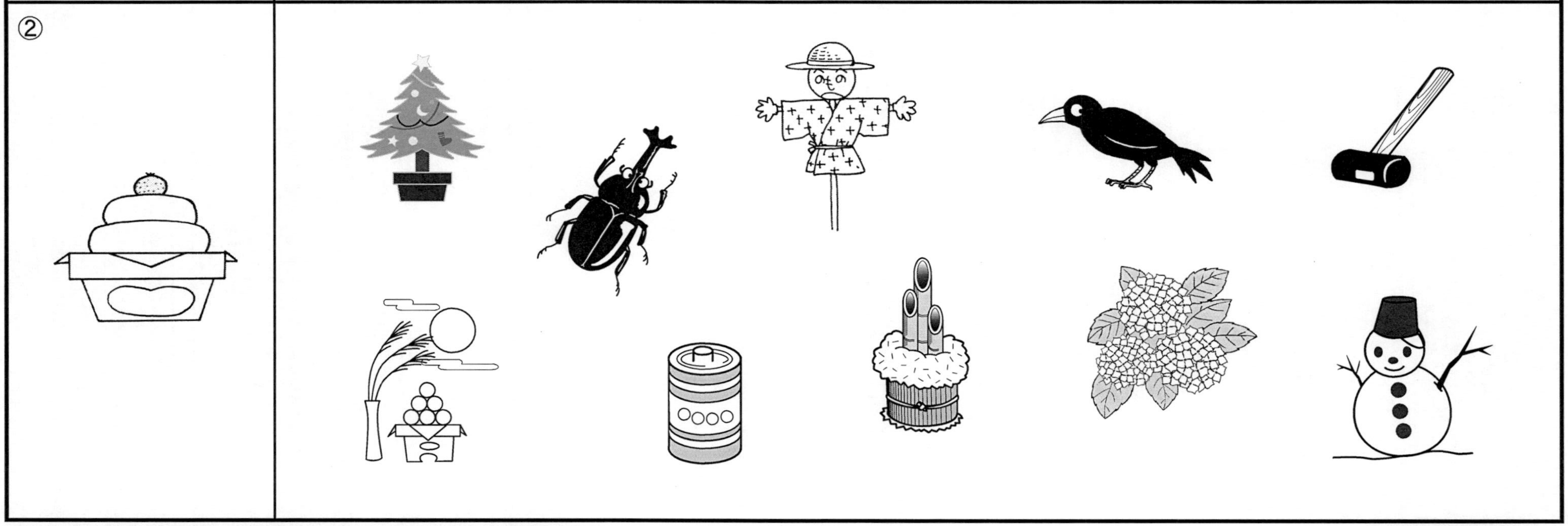

2025 年度　西武学園文理・開智所沢　過去　無断複製／転載を禁ずる　　日本学習図書株式会社

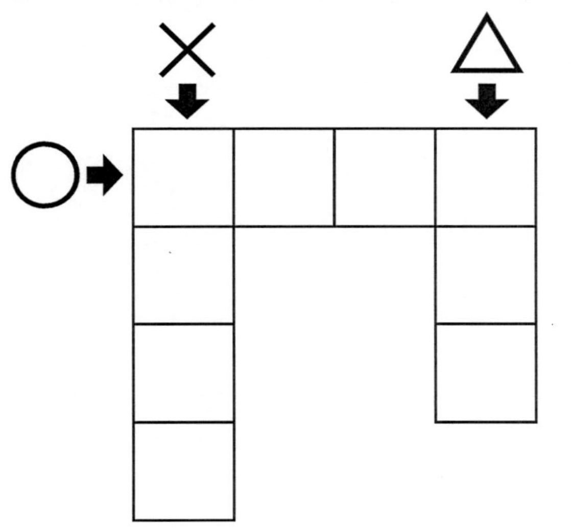

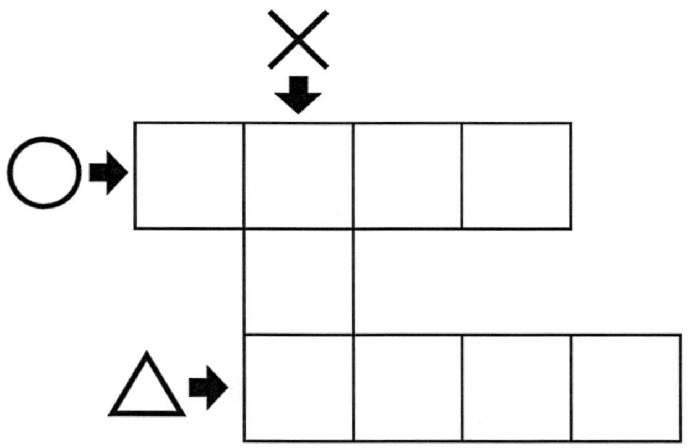

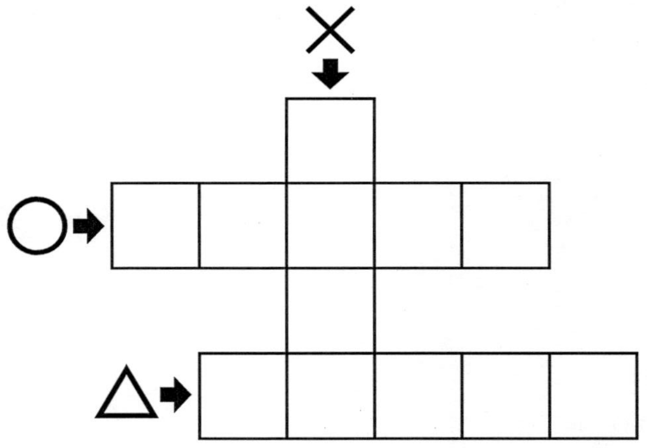

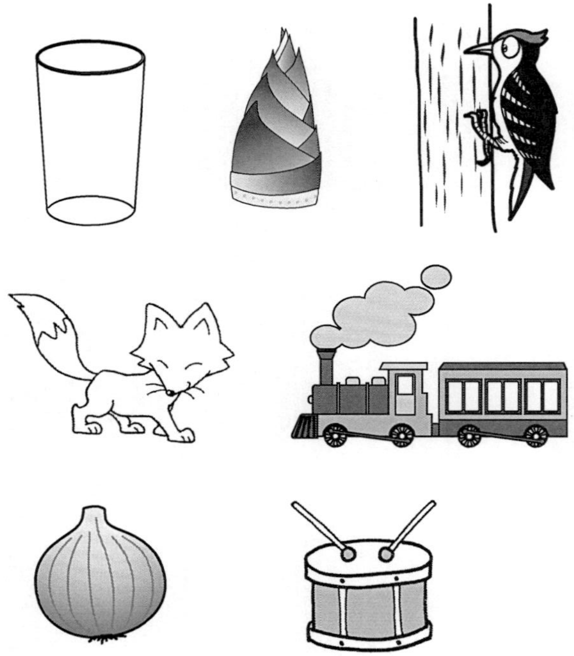

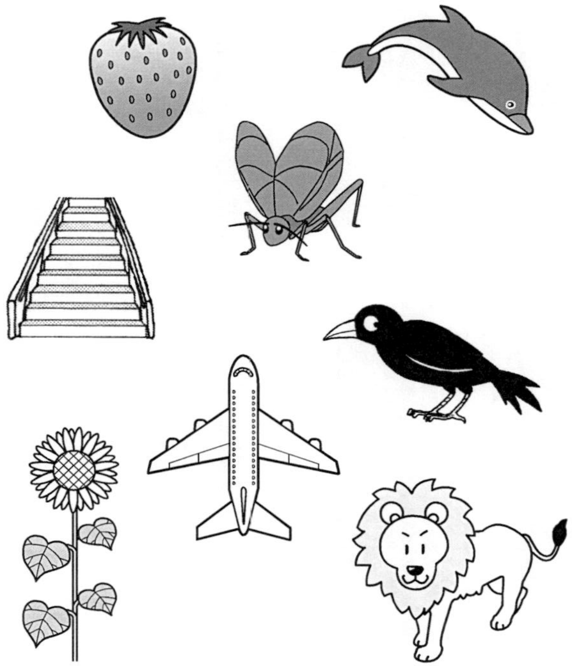

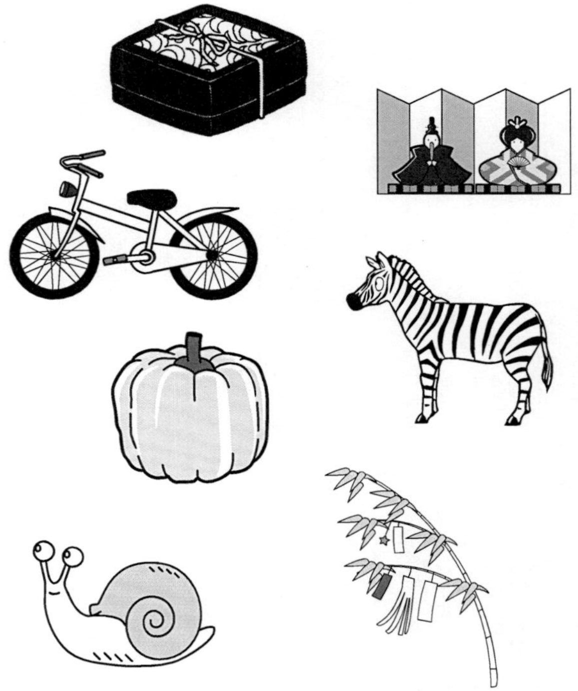

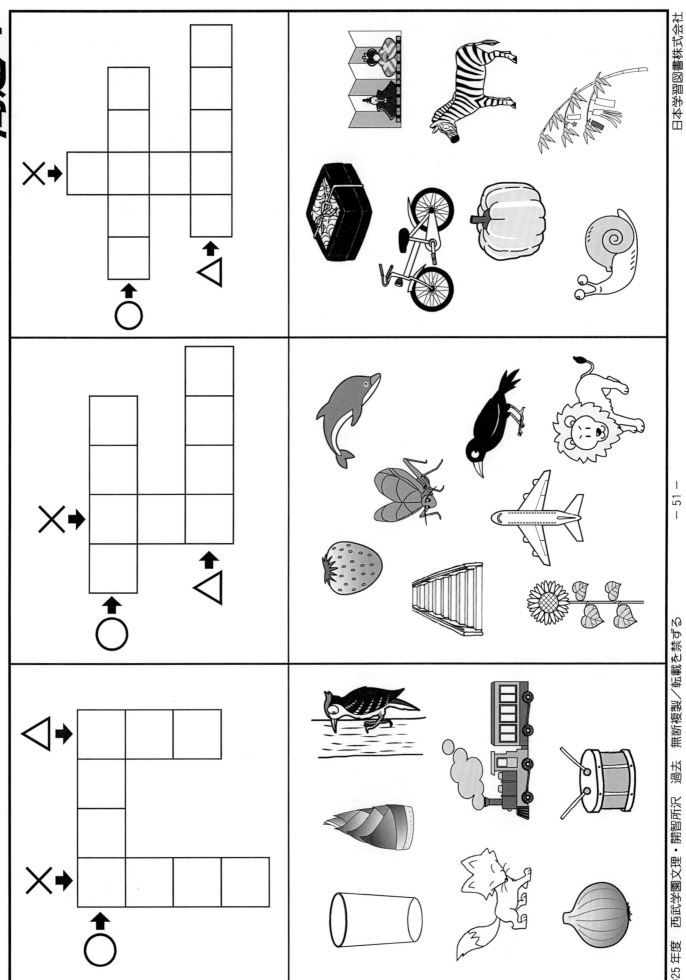

2025 年度　西武学園文理・開智所沢　過去　無断複製／転載を禁ずる　　　日本学習図書株式会社

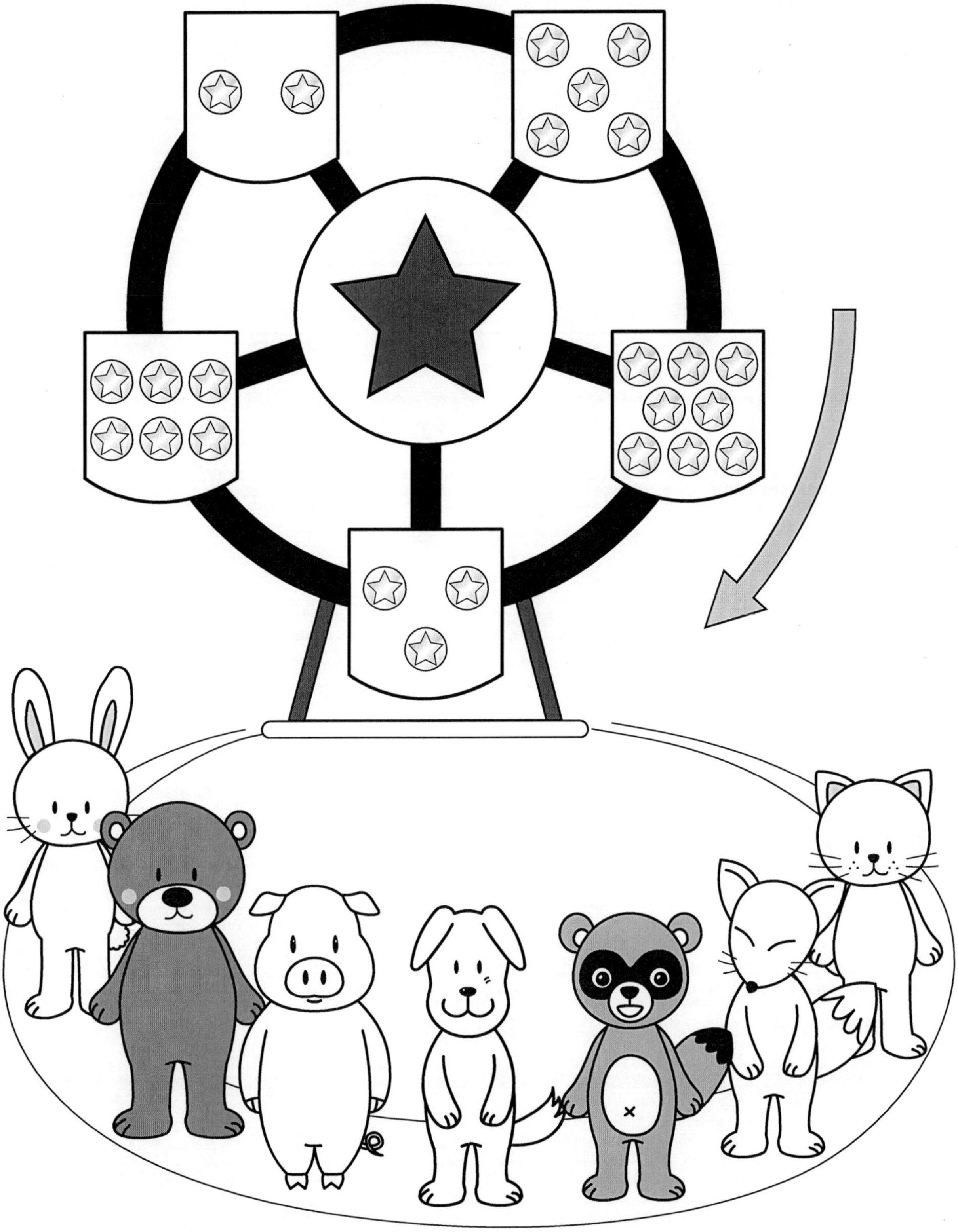

# 問題6

①

②

問題7-1

2025年度 西武学園文理・開智所沢 過去 無断複製/転載を禁ずる 日本学習図書株式会社

①
②

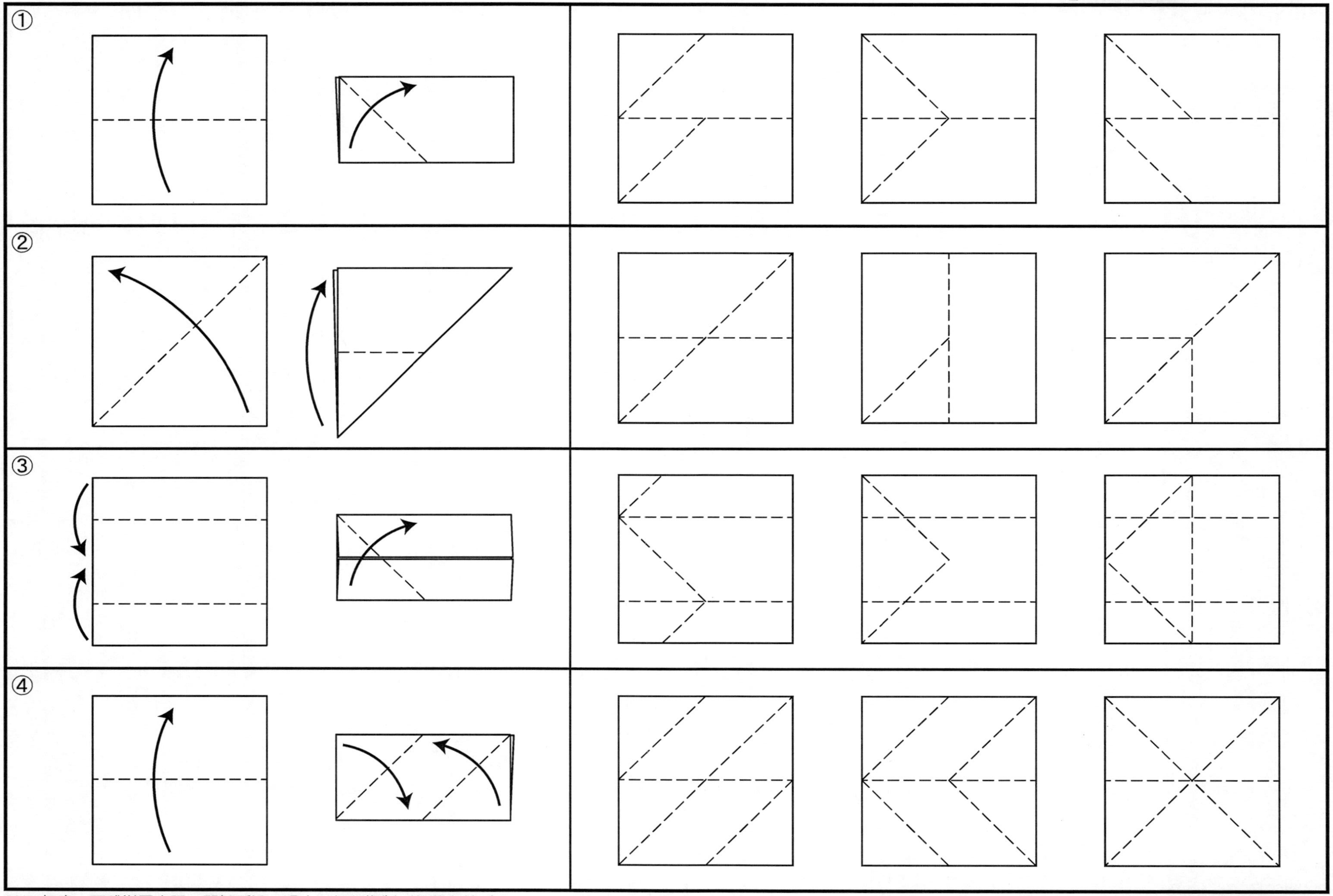

2025 年度　西武学園文理・開智所沢　過去　無断複製／転載を禁ずる

日本学習図書株式会社

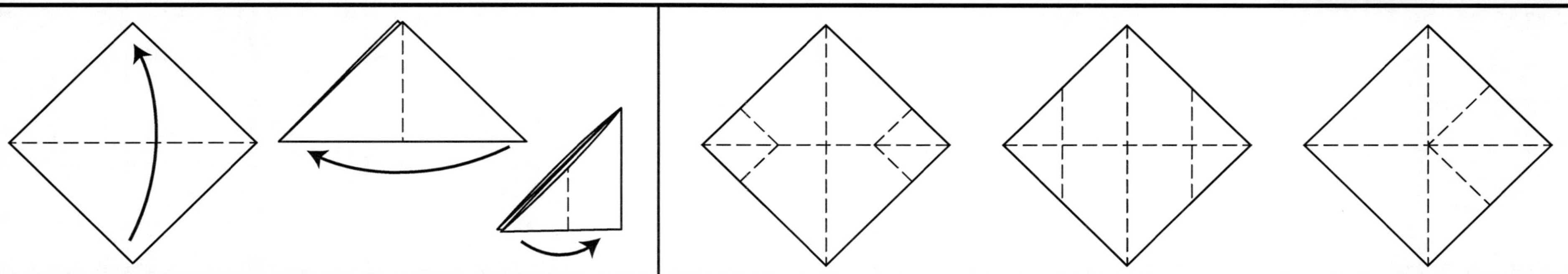

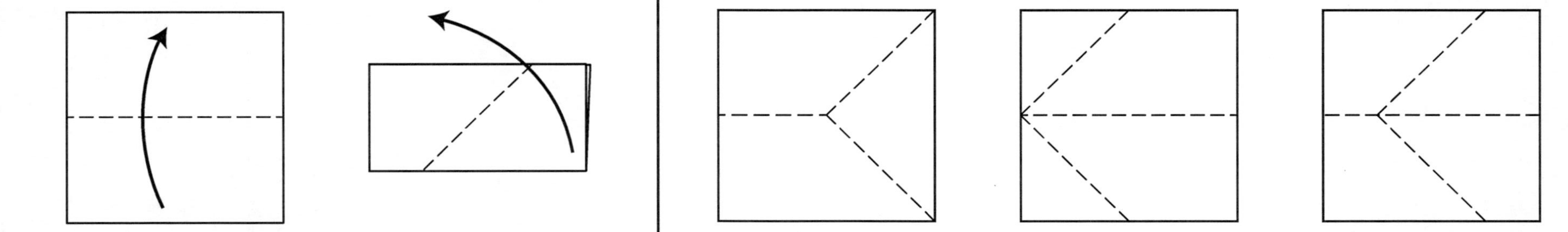

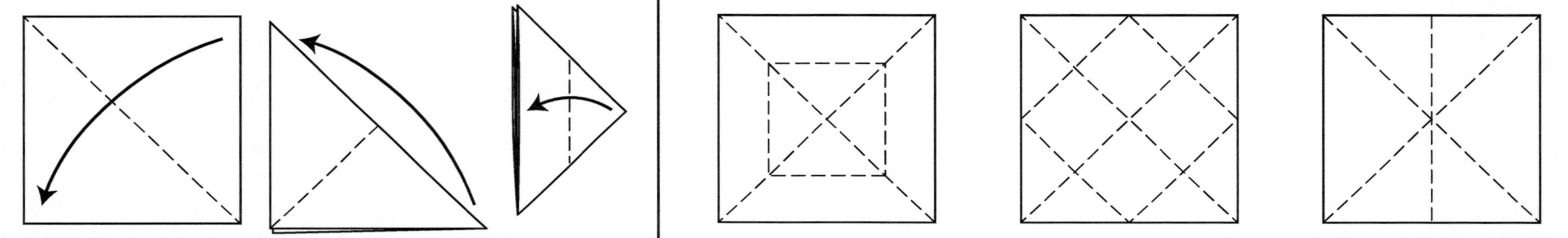

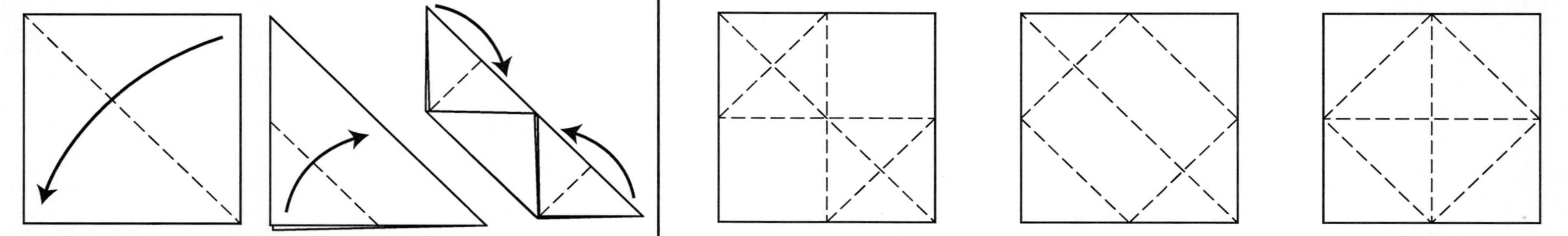

# 問題8

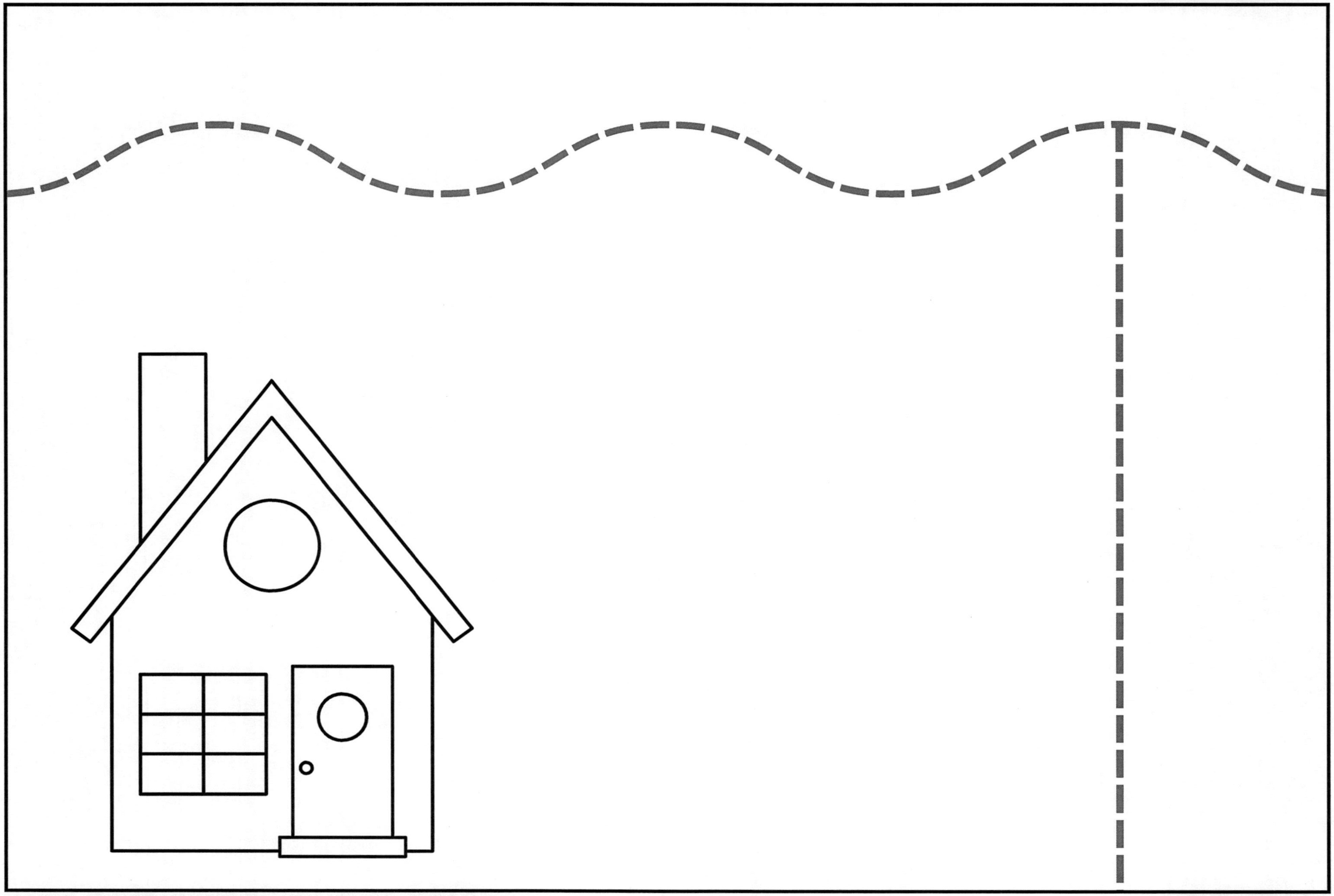

2025年度　西武学園文理・開智所沢　過去　無断複製／転載を禁ずる　　日本学習図書株式会社

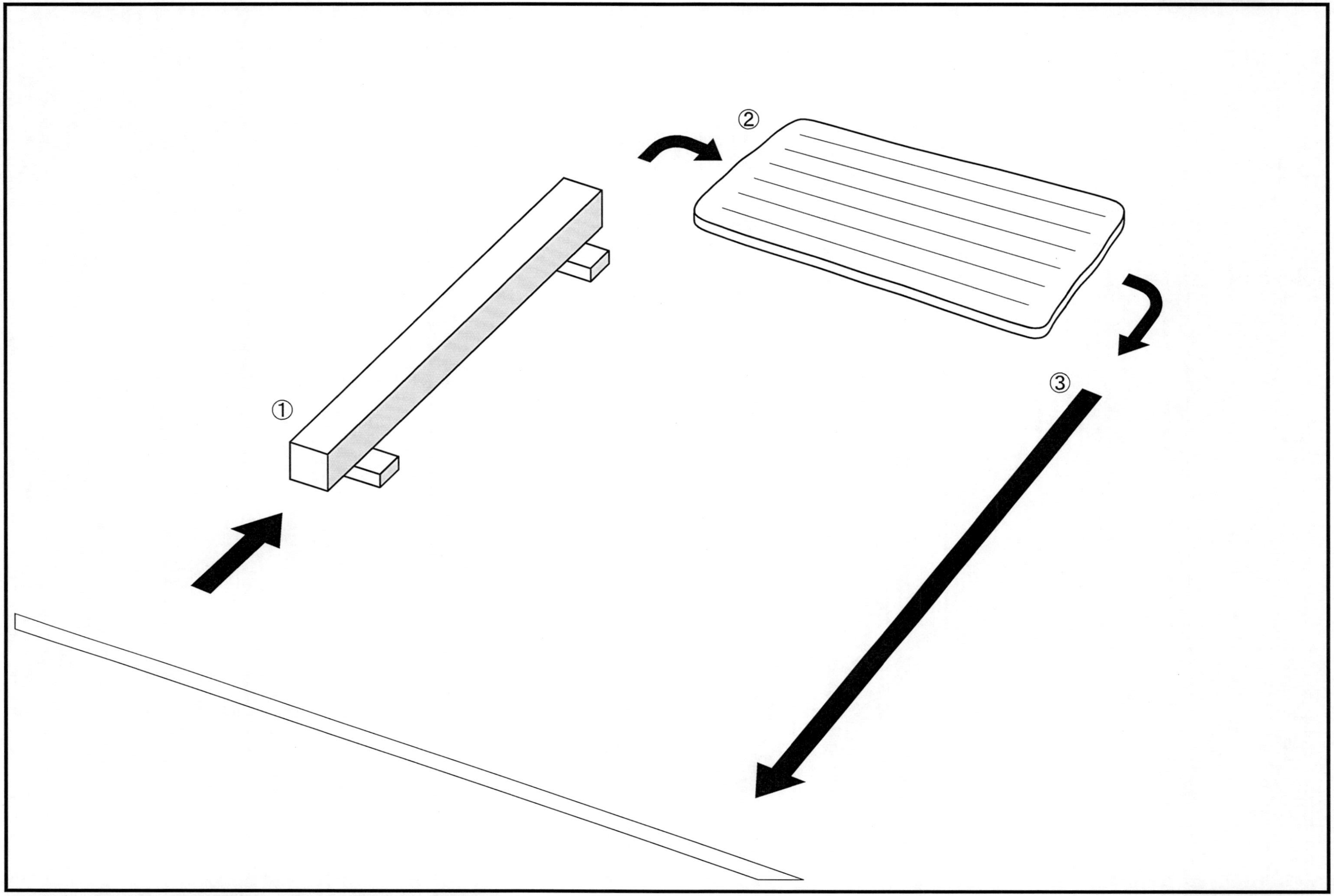

2025年度　西武学園文理・開智所沢　過去　無断複製／転載を禁ずる　日本学習図書株式会社

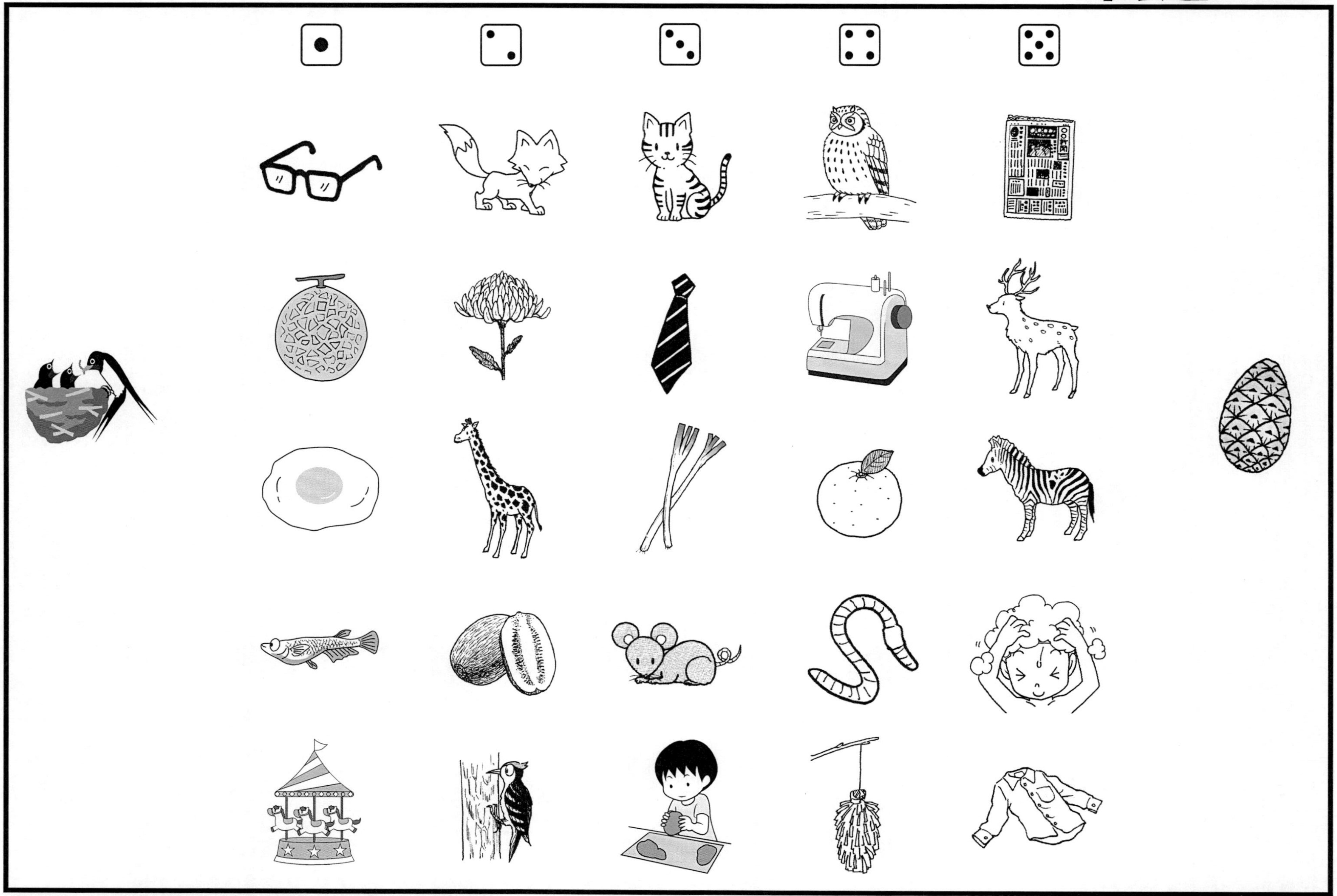

2025 年度　西武学園文理・開智所沢　過去　無断複製／転載を禁ずる　日本学習図書株式会社

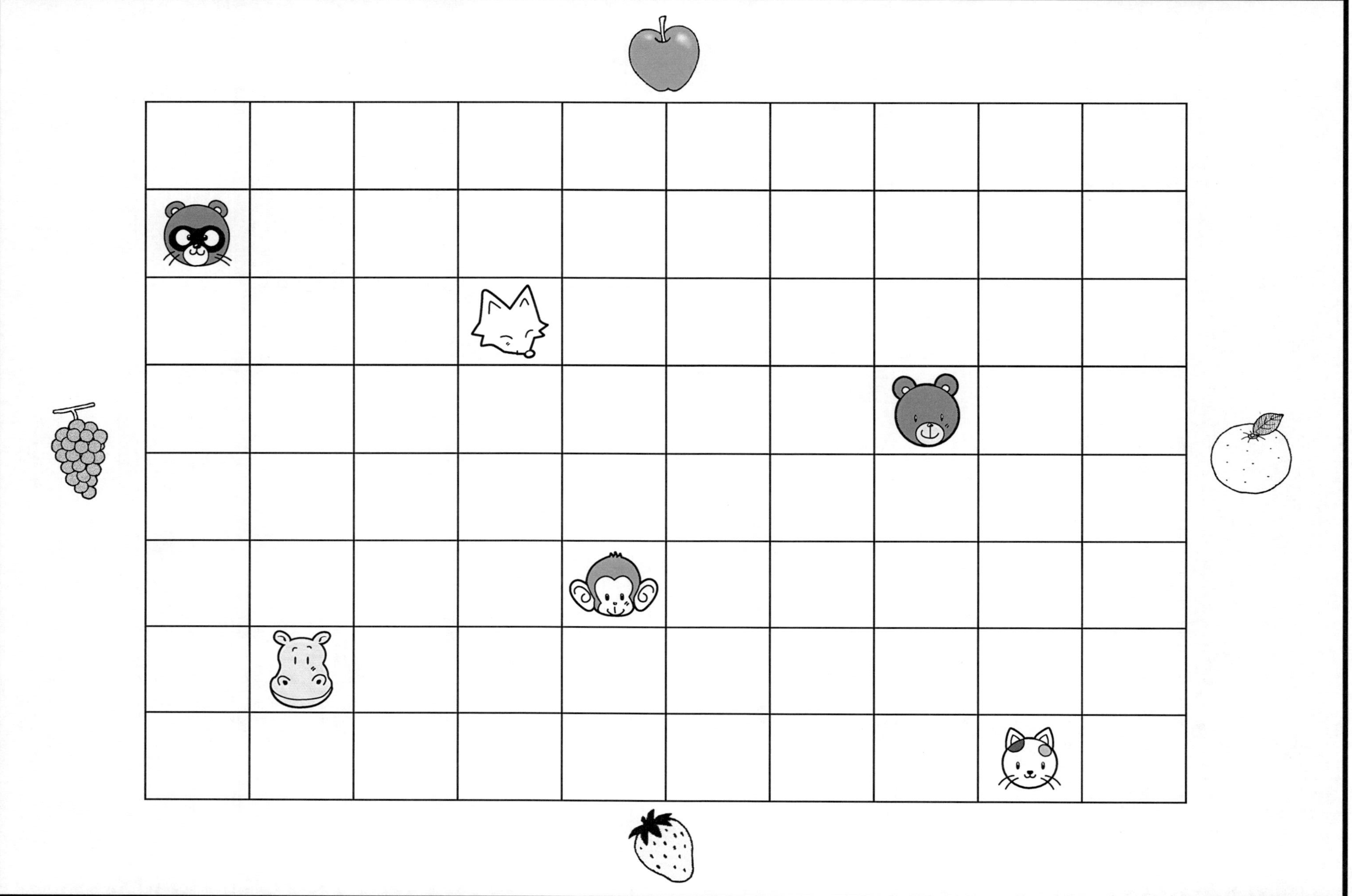

# 問題14

①

②

日本学習図書株式会社

# 問題１５

①

②

③

④

⑤

⑥

# 問題１６

①

②

# 問題１７－１

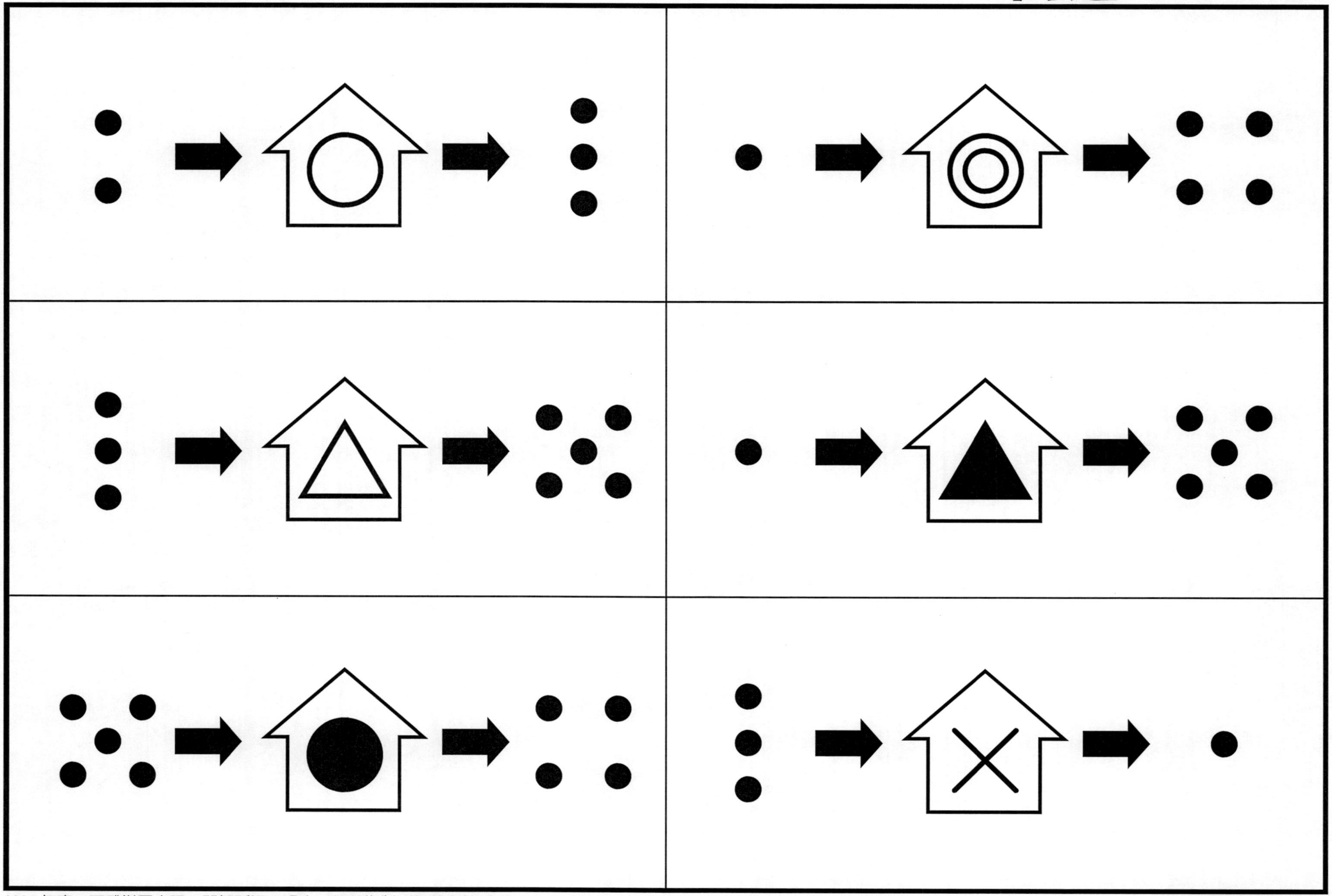

問題１７－２

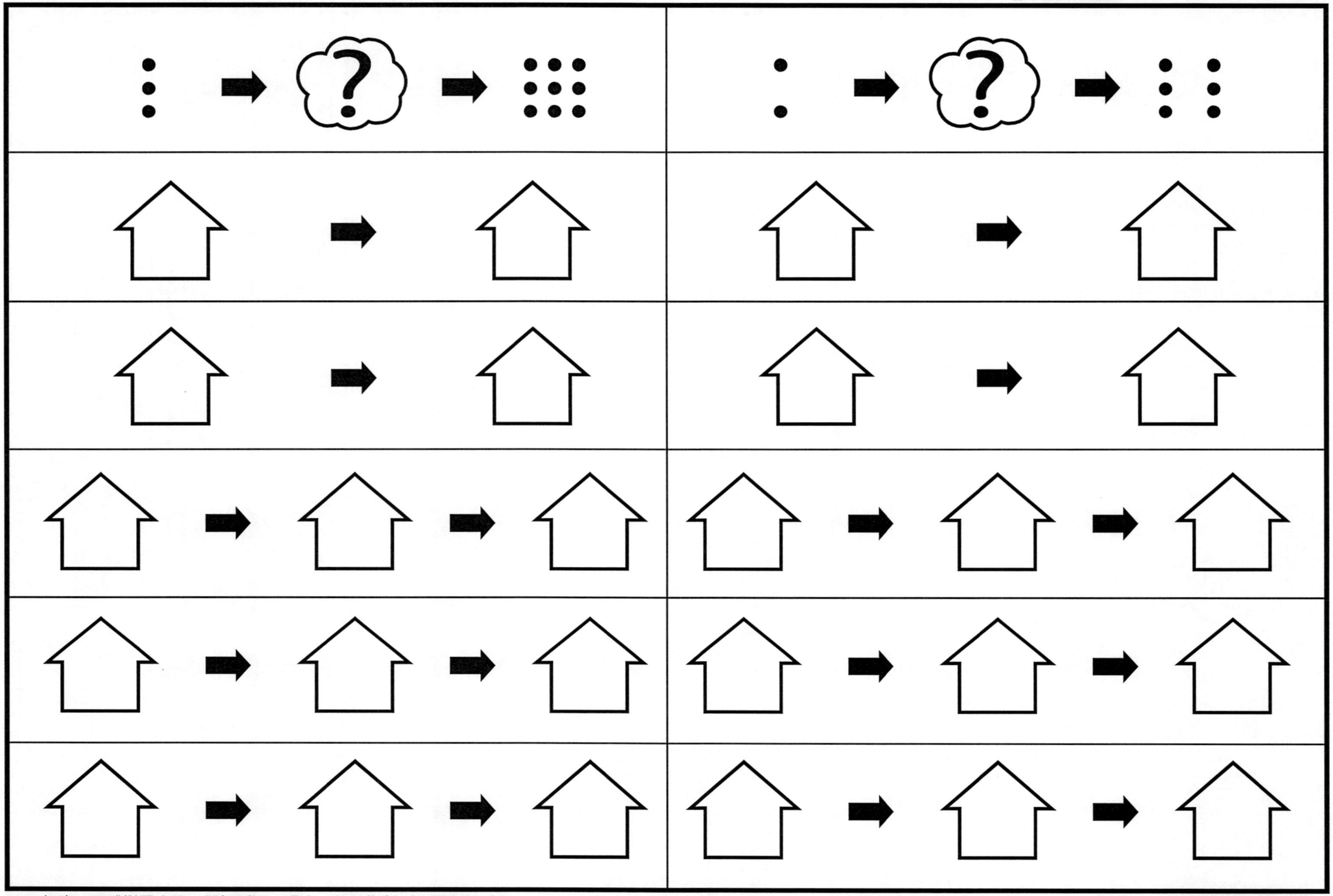

# 問題18

①

②  

③ 

④

⑤ 

⑥ 

# 問題19－1

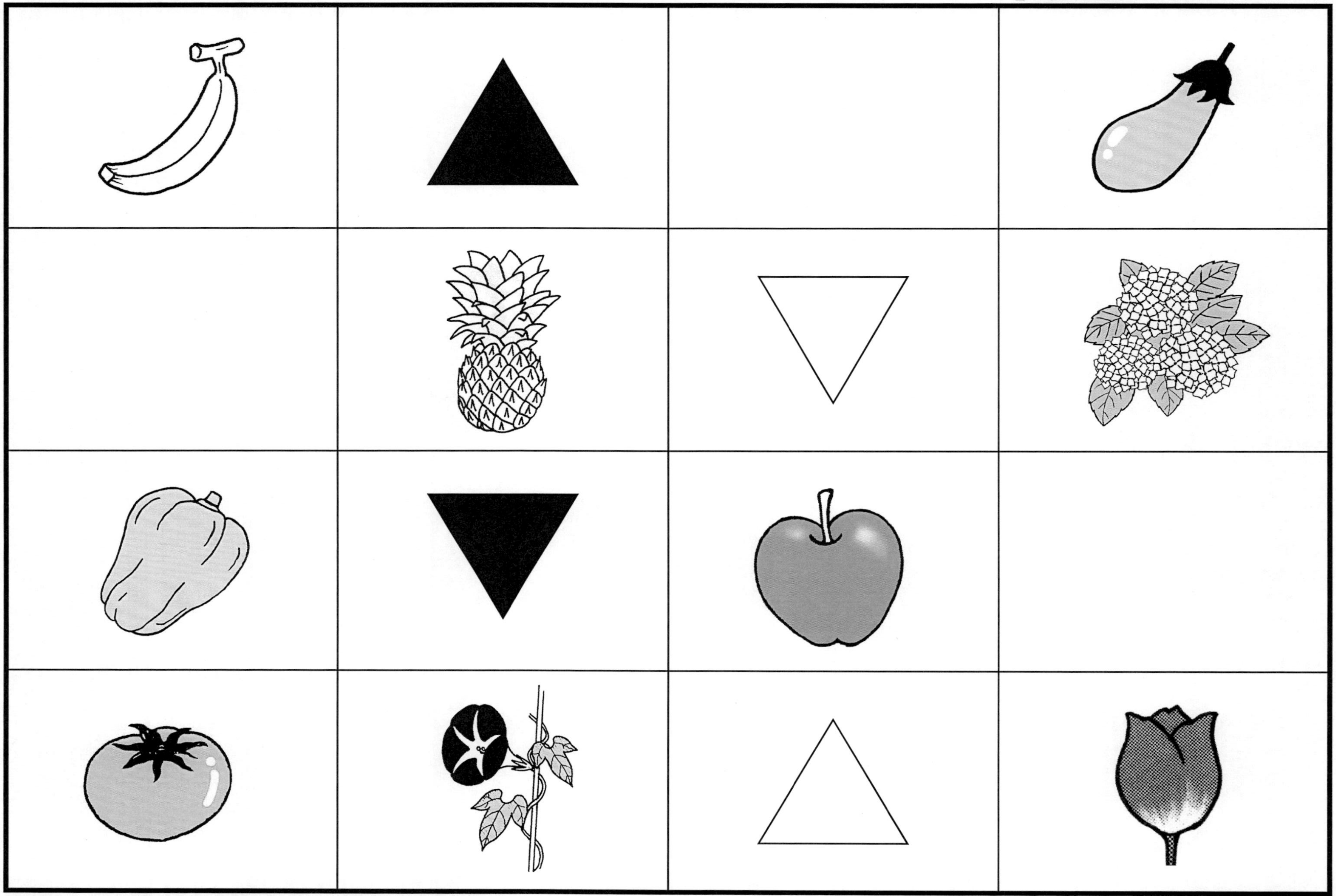

# 問題19－2

①

②

③

④

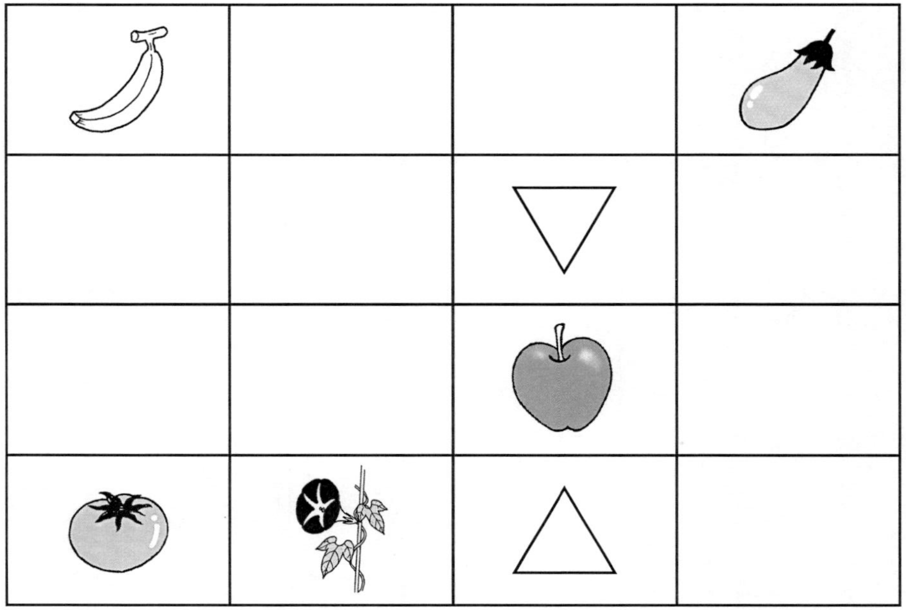

⑤

2025 年度　西武学園文理・開智所沢　過去　無断複製／転載を禁ずる　　日本学習図書株式会社

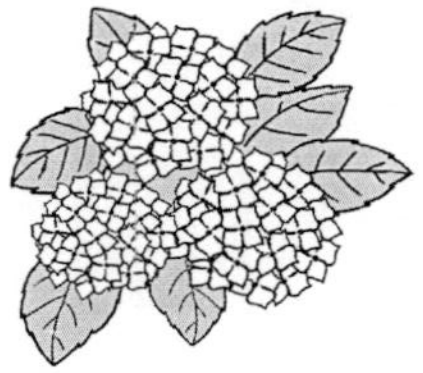

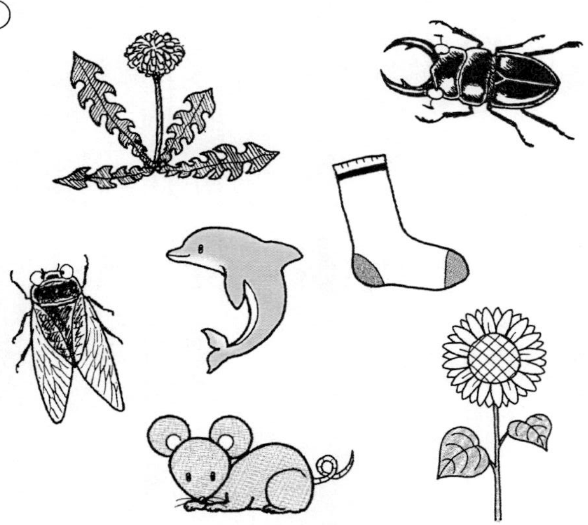

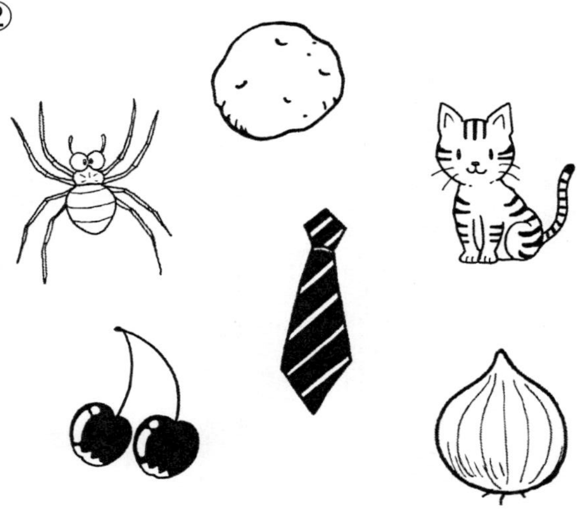

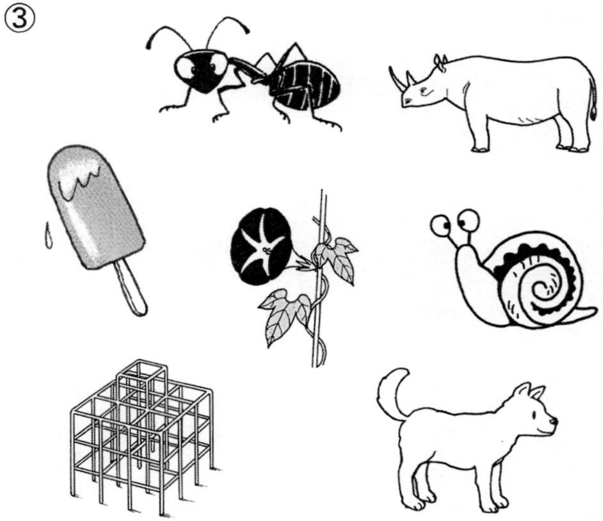

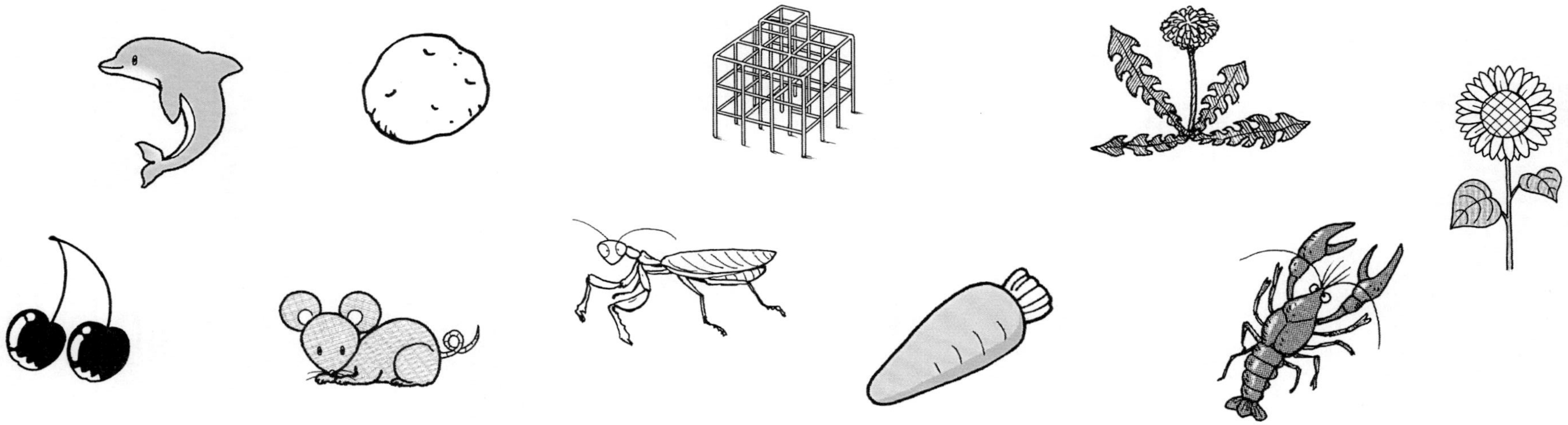

# 問題２１－１

①

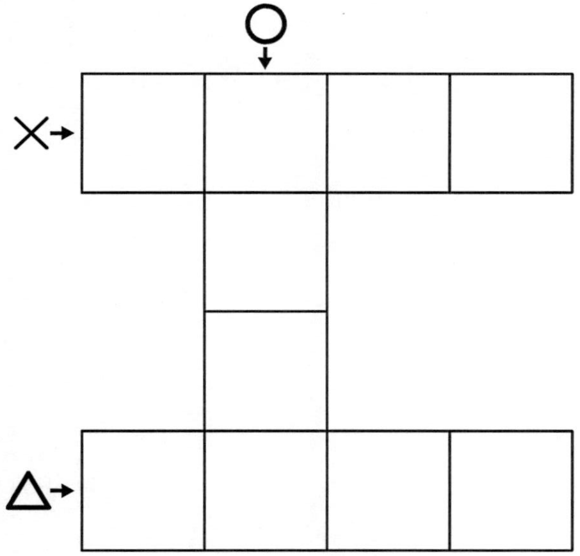

②

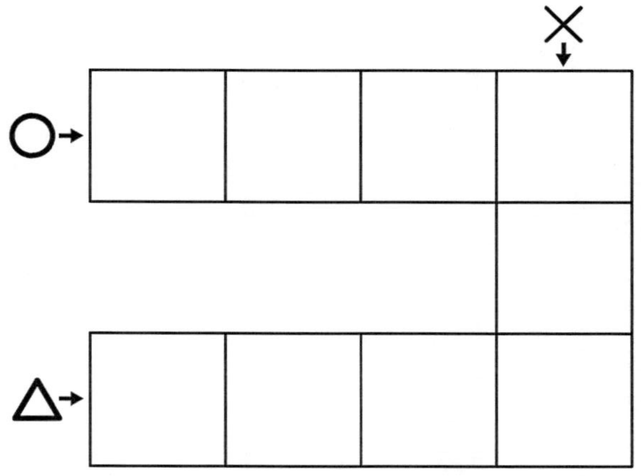

③

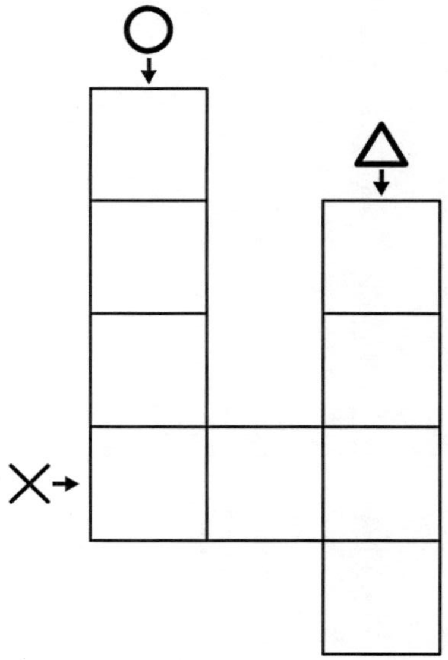

⑥

⑤

④

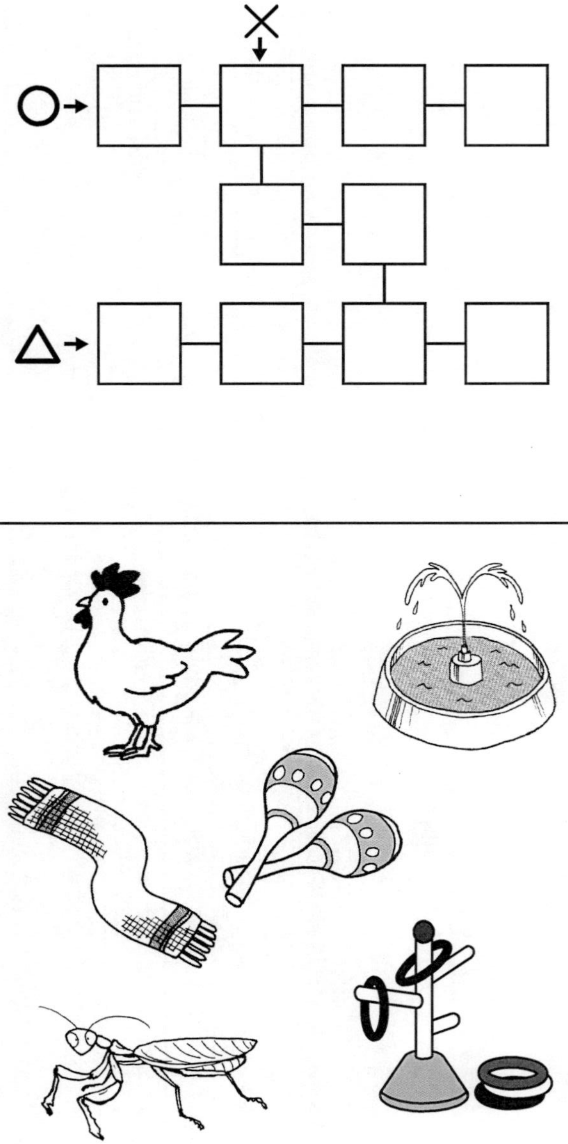

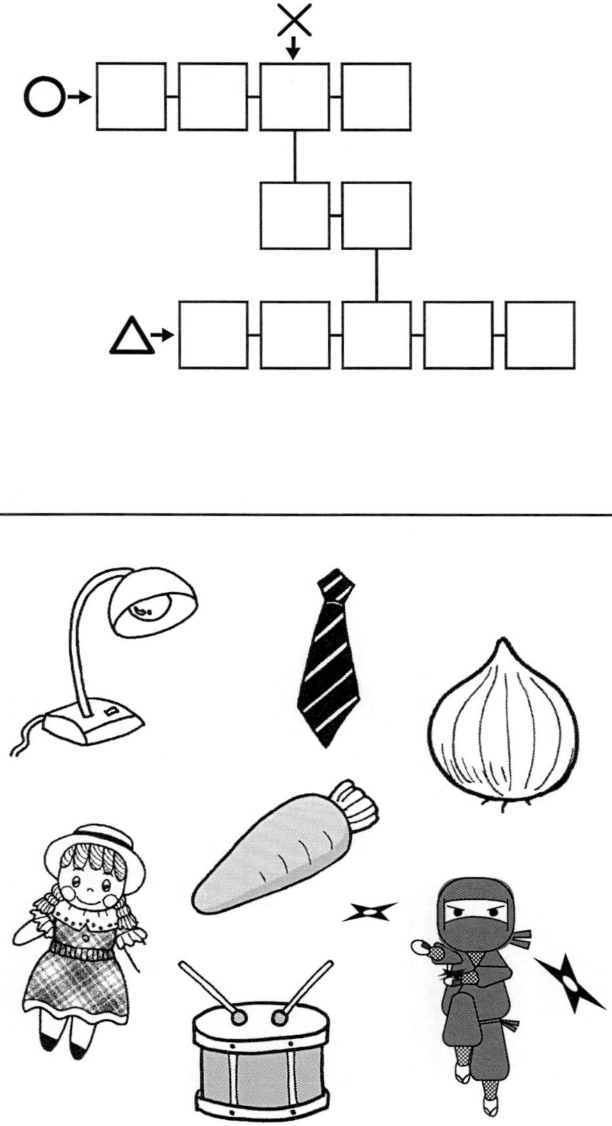

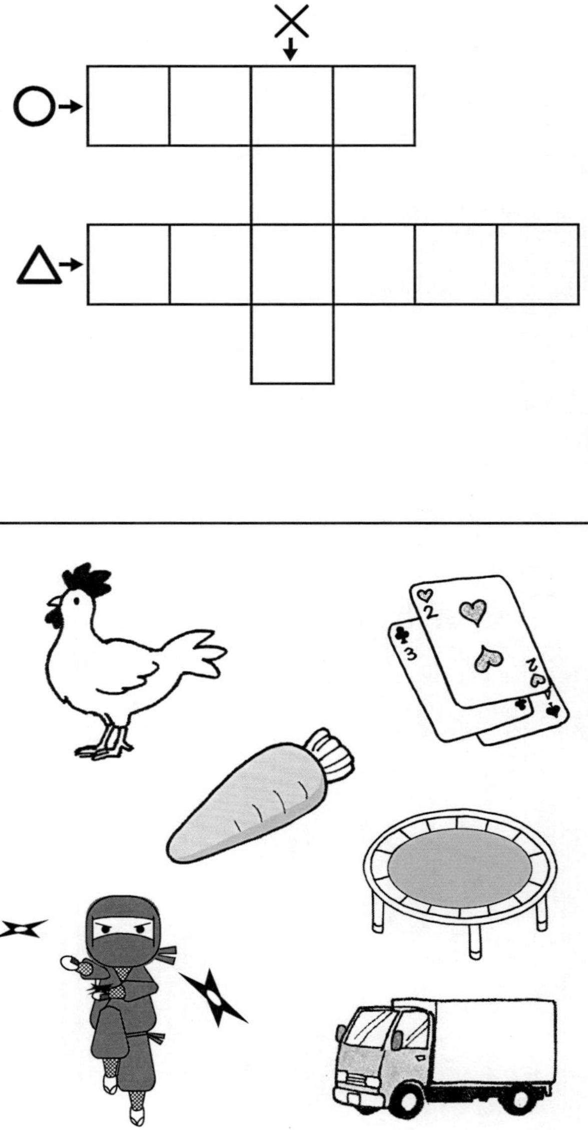

②

④

①

③

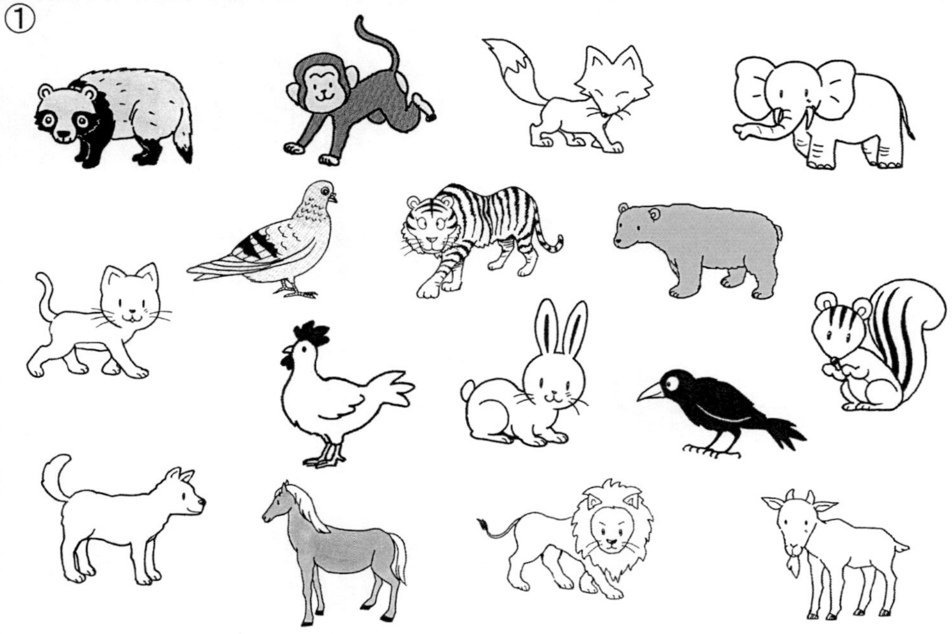

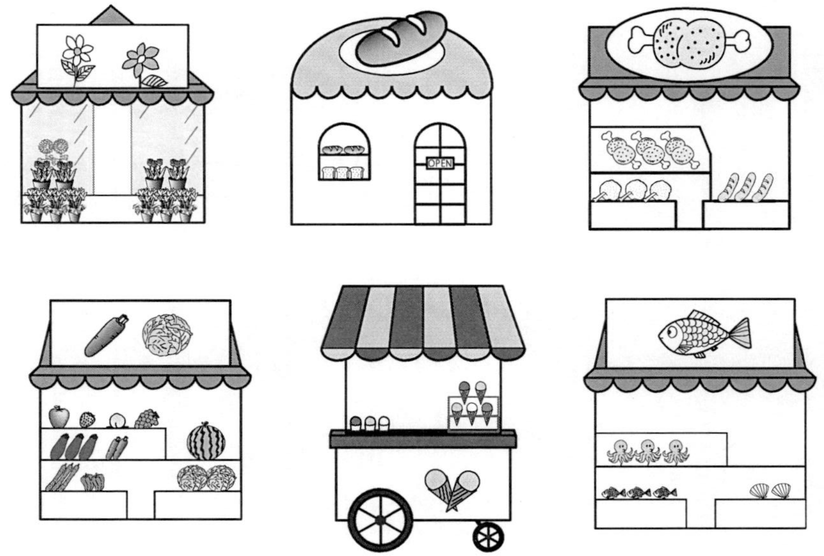

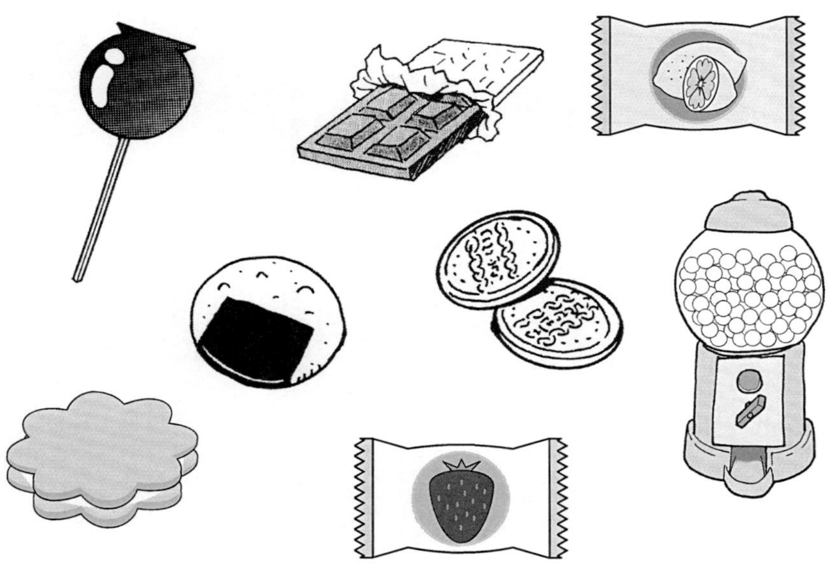

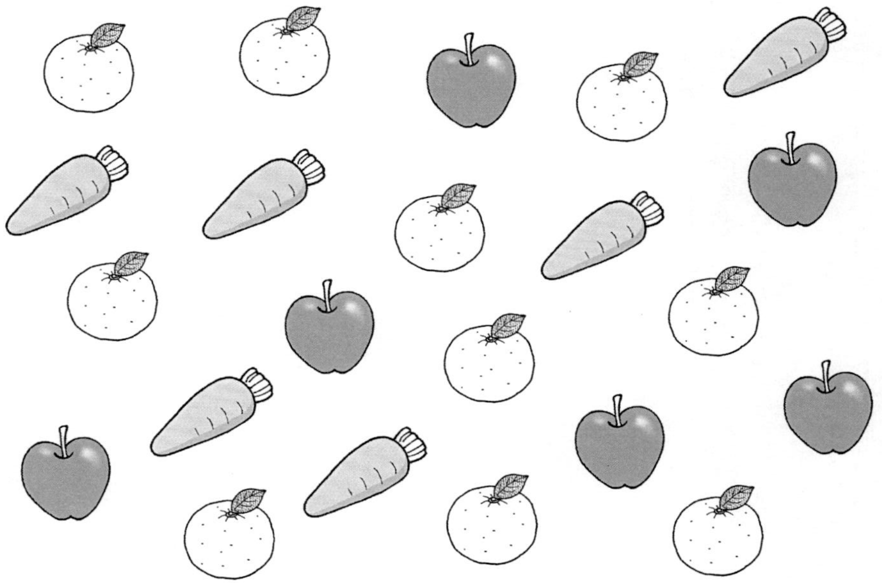

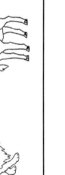

2025 年度　西武学園文理・開智所沢　過去　無断複製／転載を禁ずる　　日本学習図書株式会社

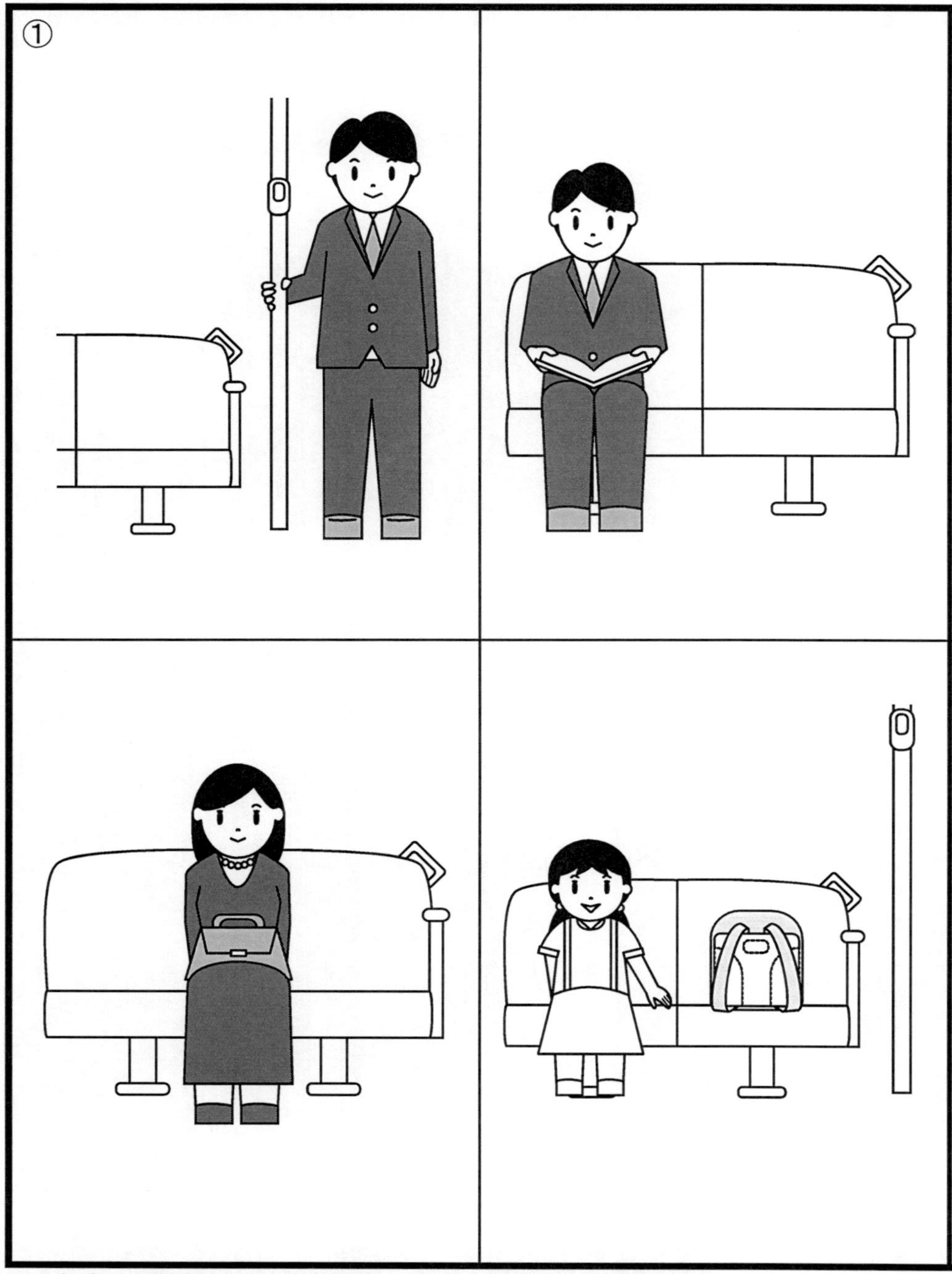

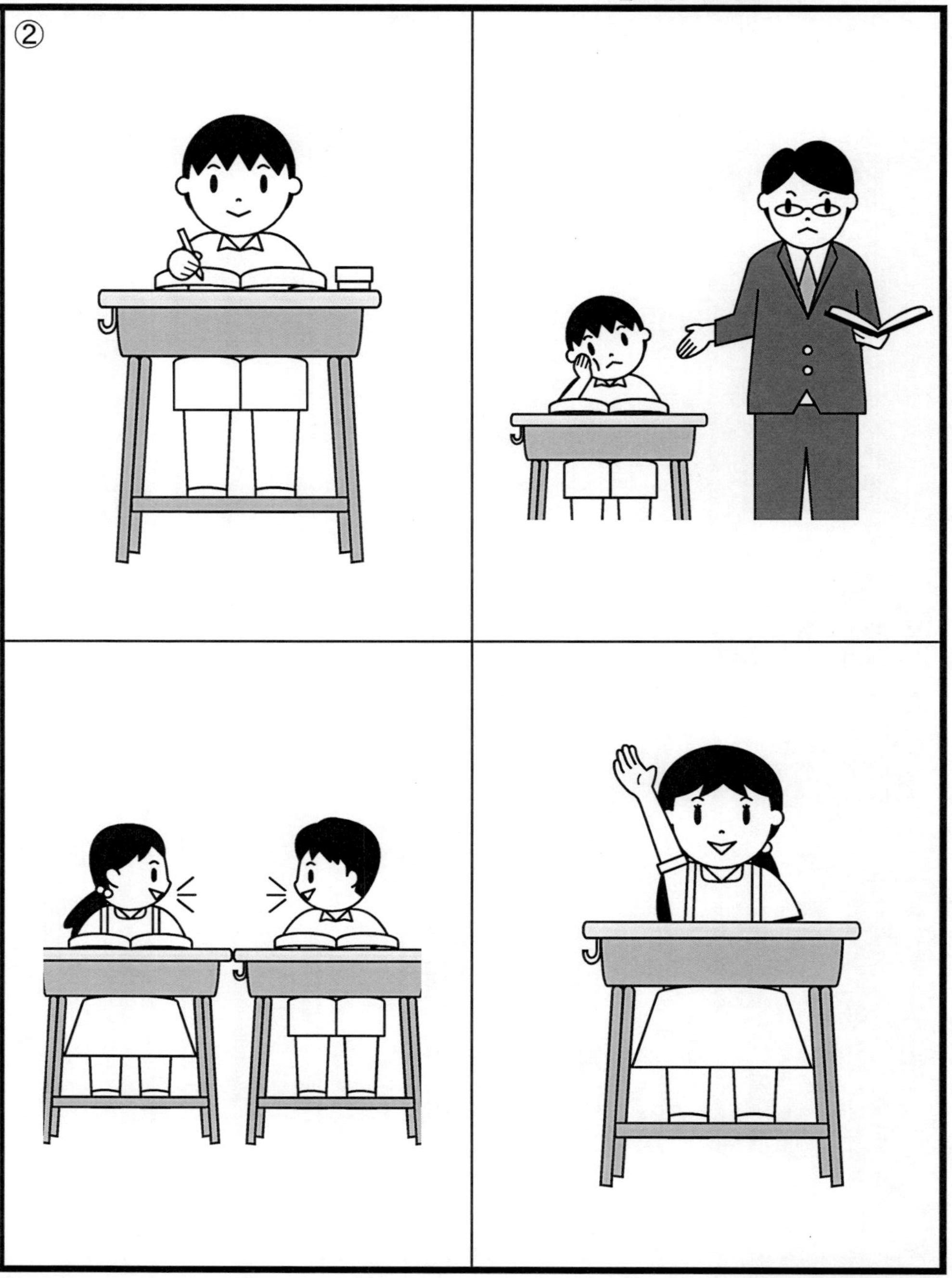

日本学習図書株式会社

2025年度　西武学園文理・開智所沢　過去　無断複製／転載を禁ずる

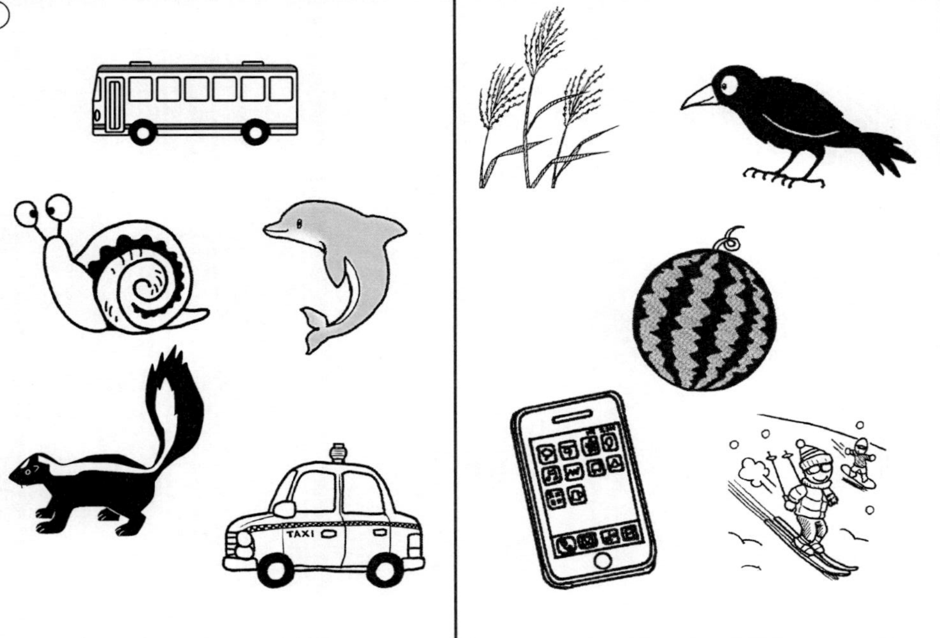

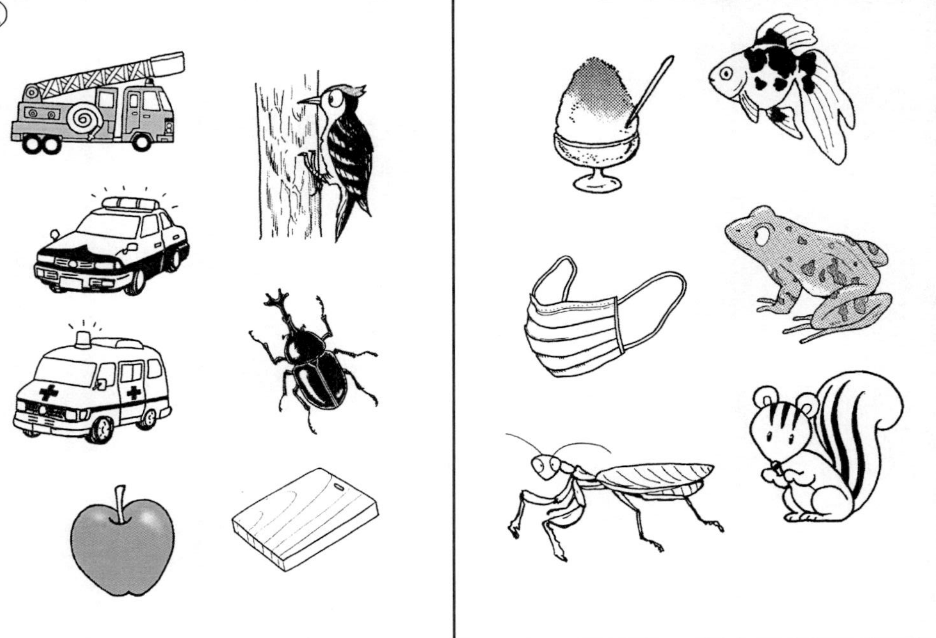

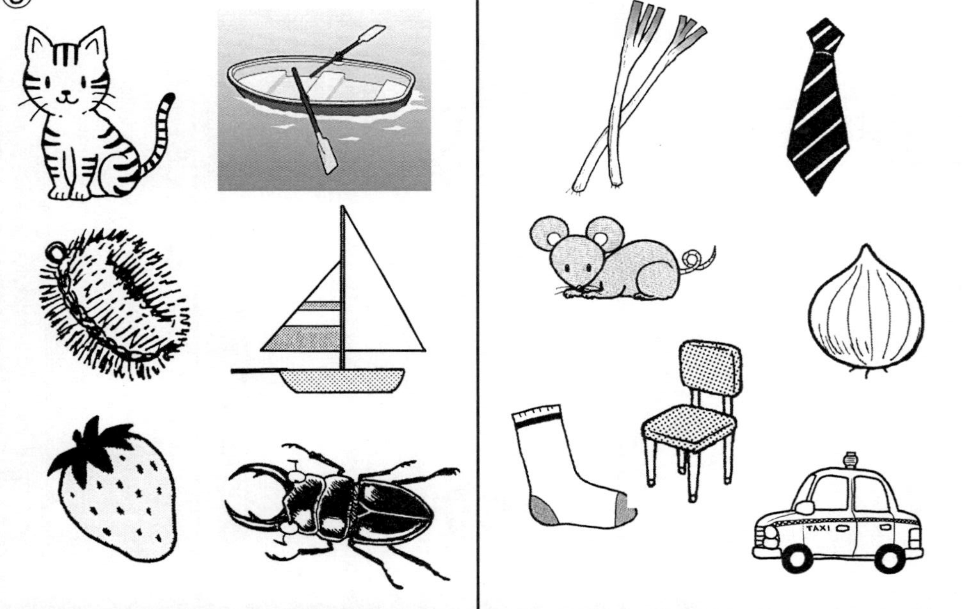

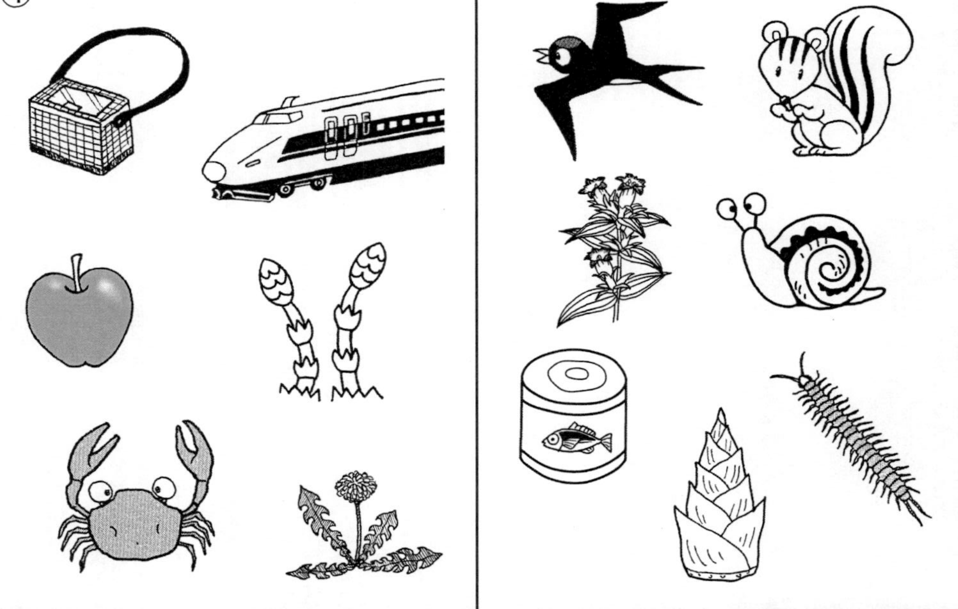

2025 年度　西武学園文理・開智所沢　過去　無断複製／転載を禁ずる　　日本学習図書株式会社

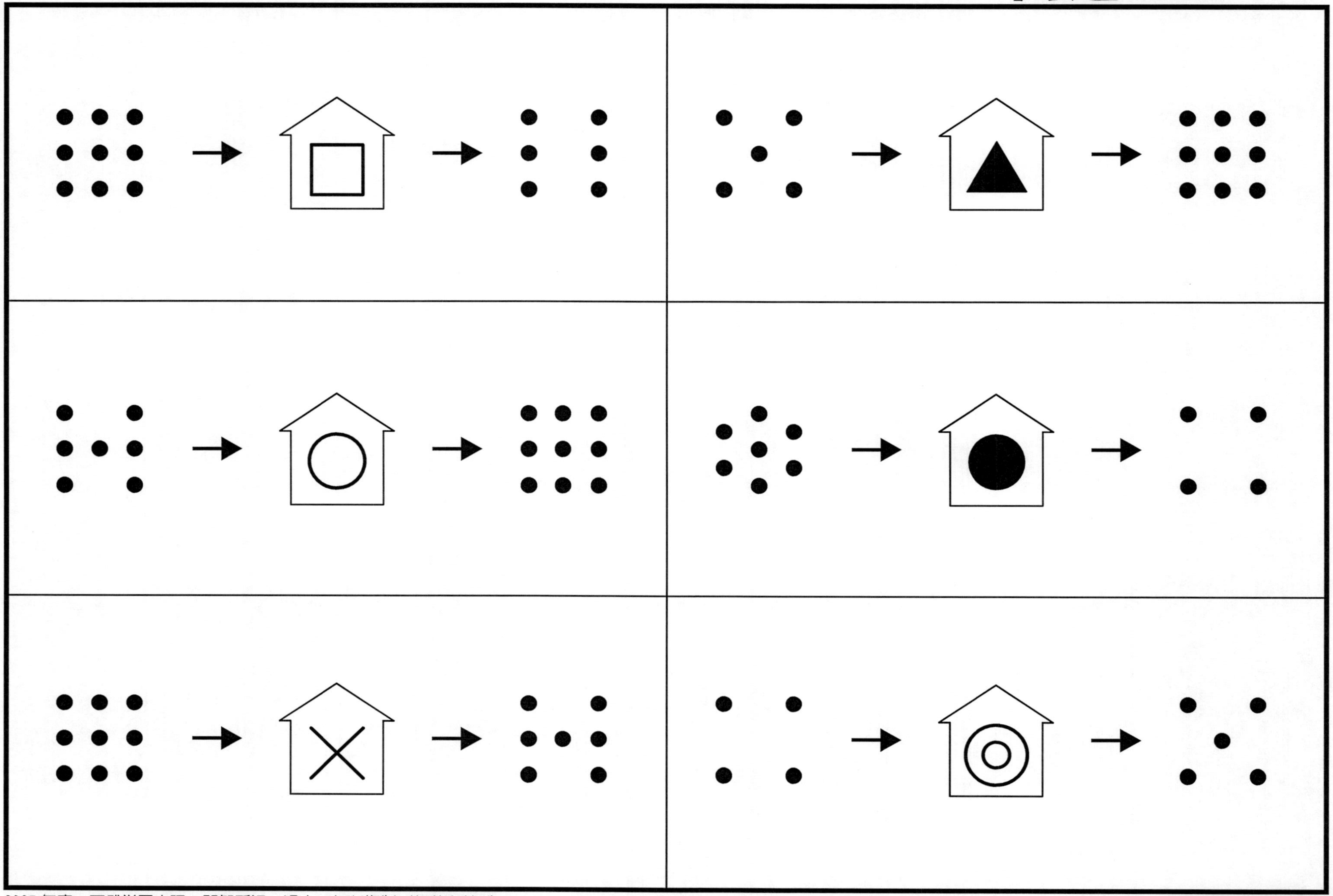

2025年度　西武学園文理・開智所沢　過去　無断複製／転載を禁ずる　　日本学習図書株式会社

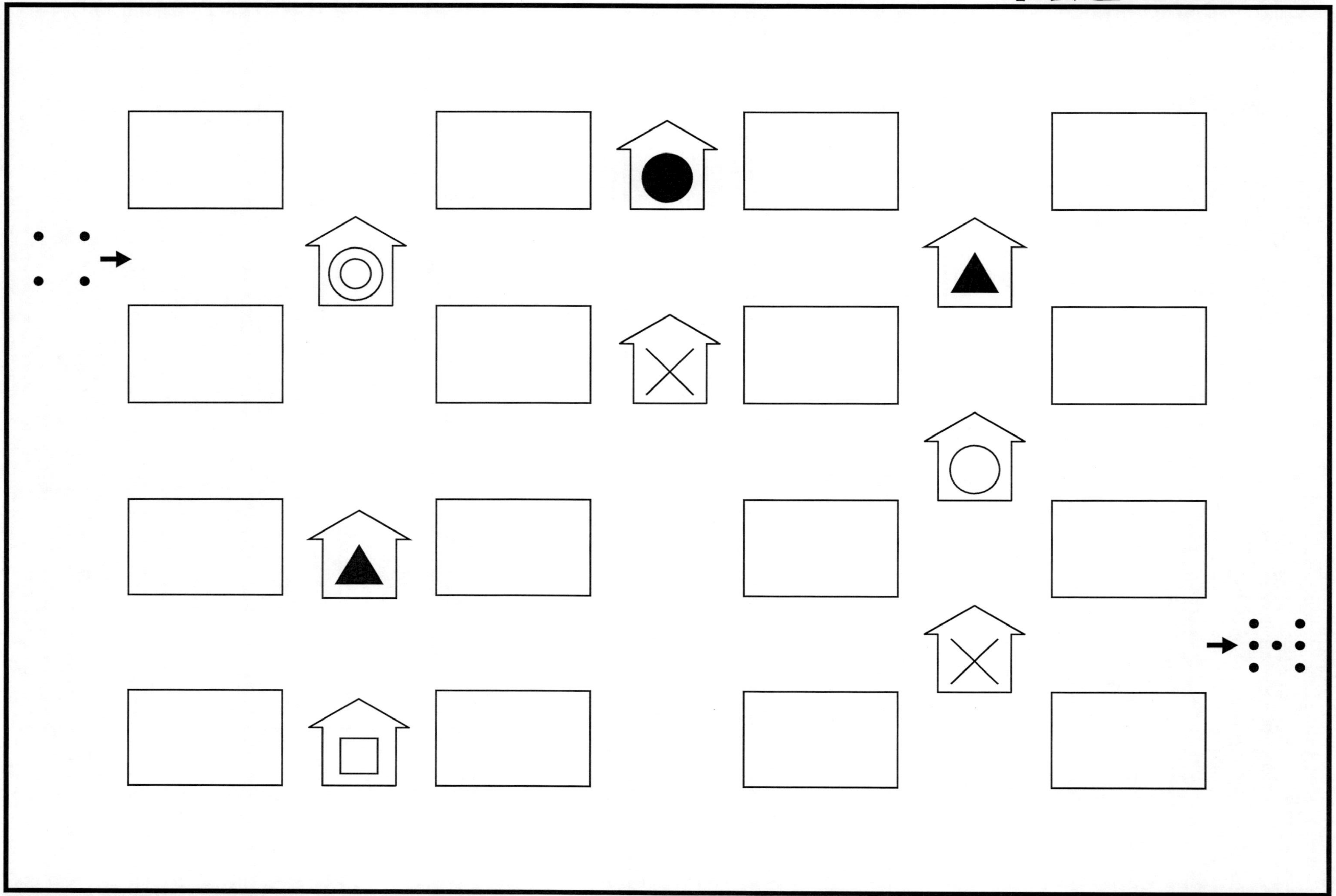

# 問題26

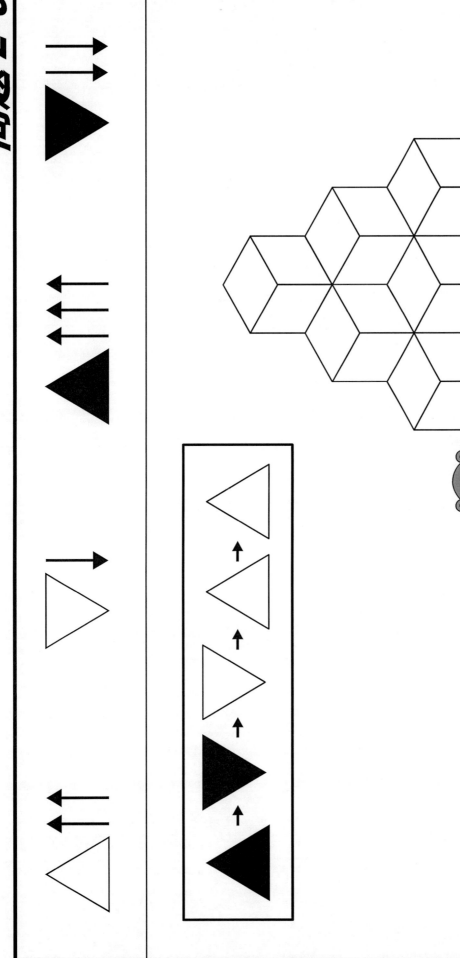

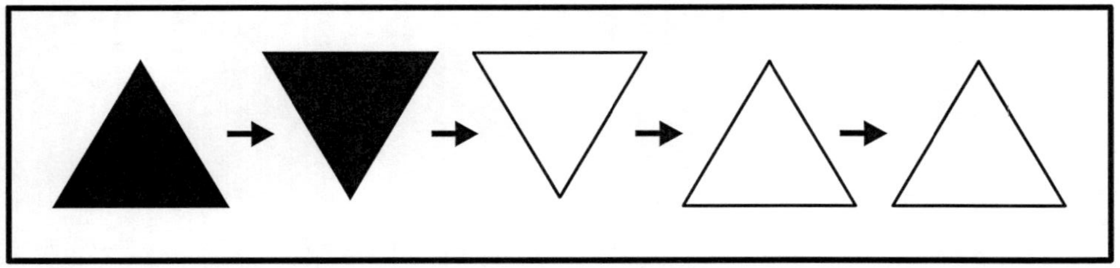

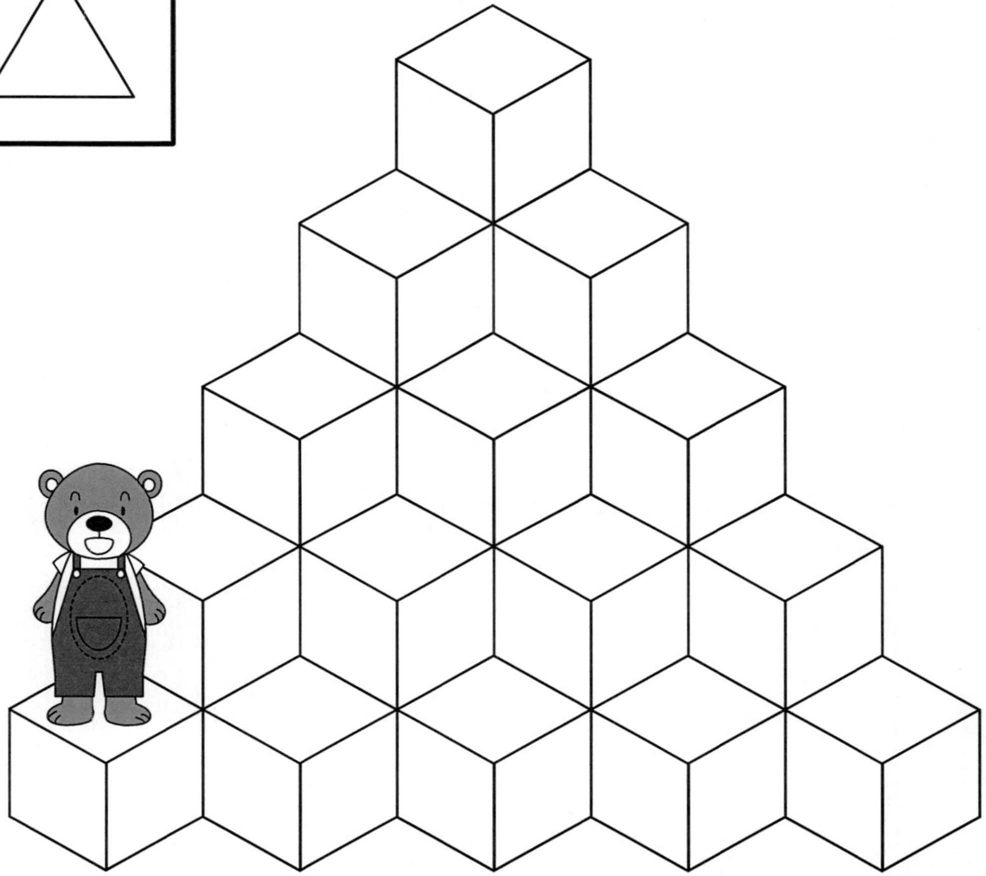

# 問題２７

①

②

③

④

⑤

⑥

# 問題２８－１

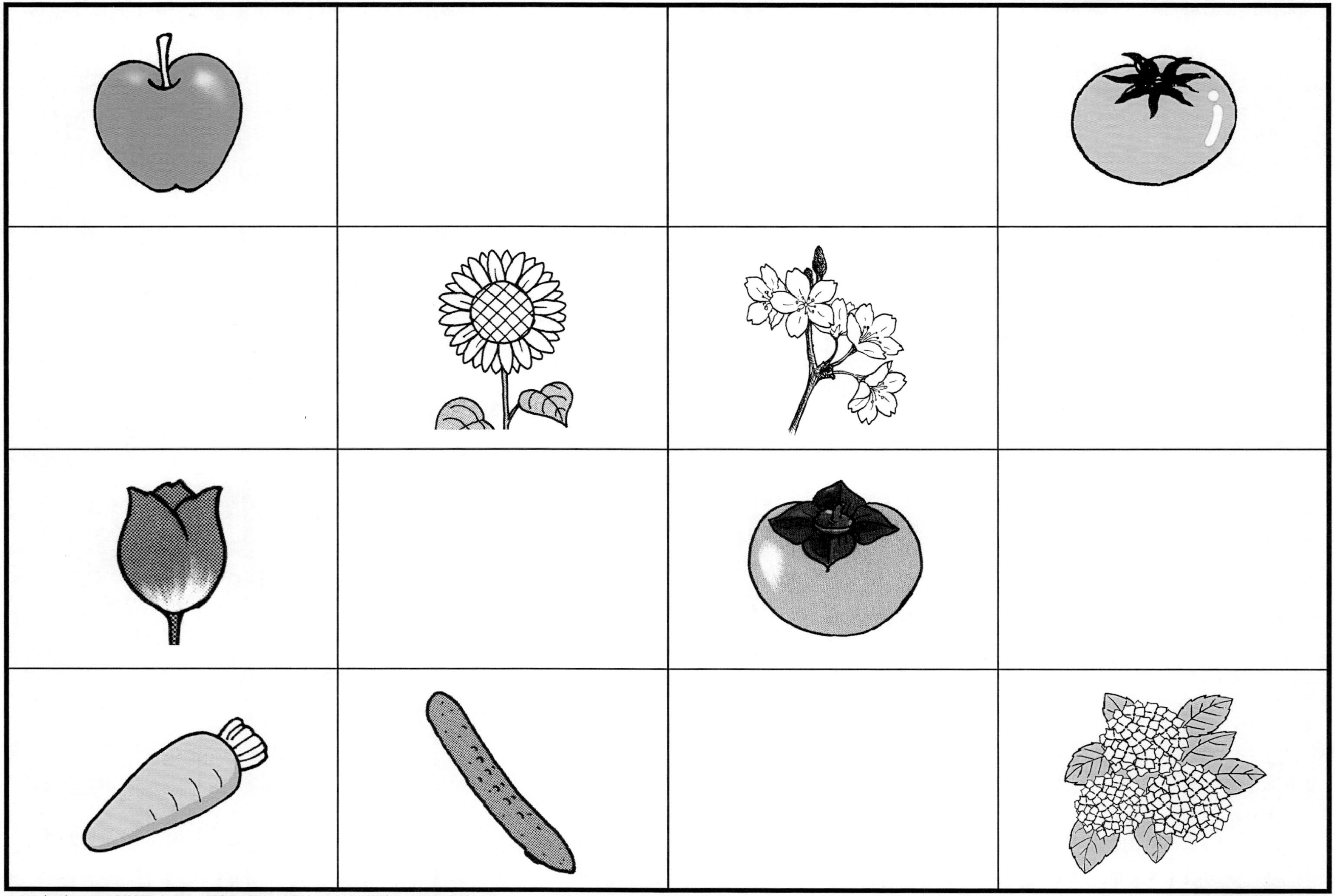

　　　

①

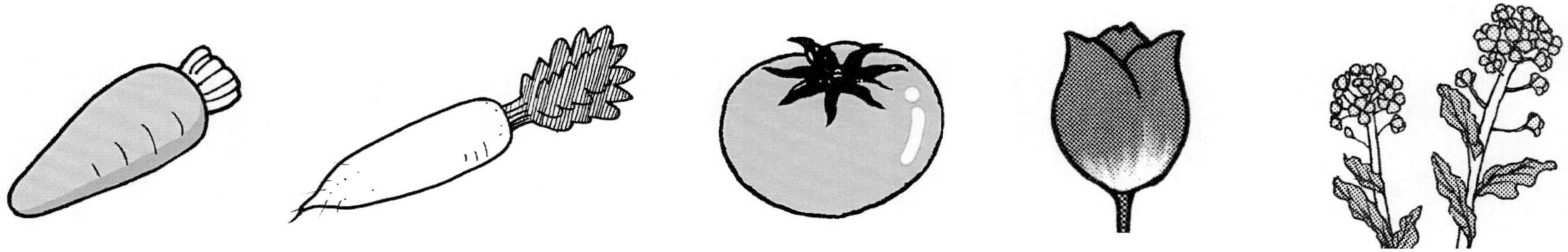

②

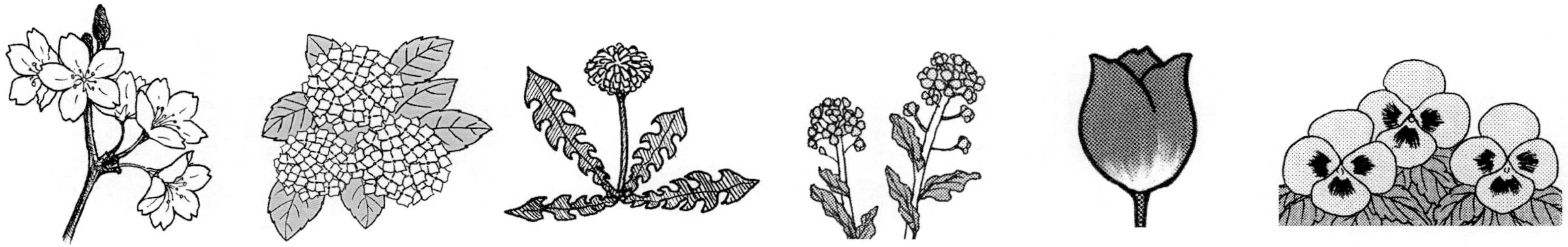

③

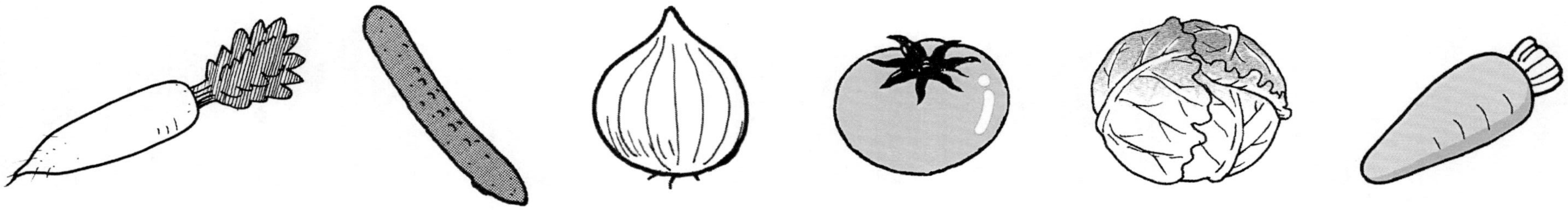

# 問題28－3

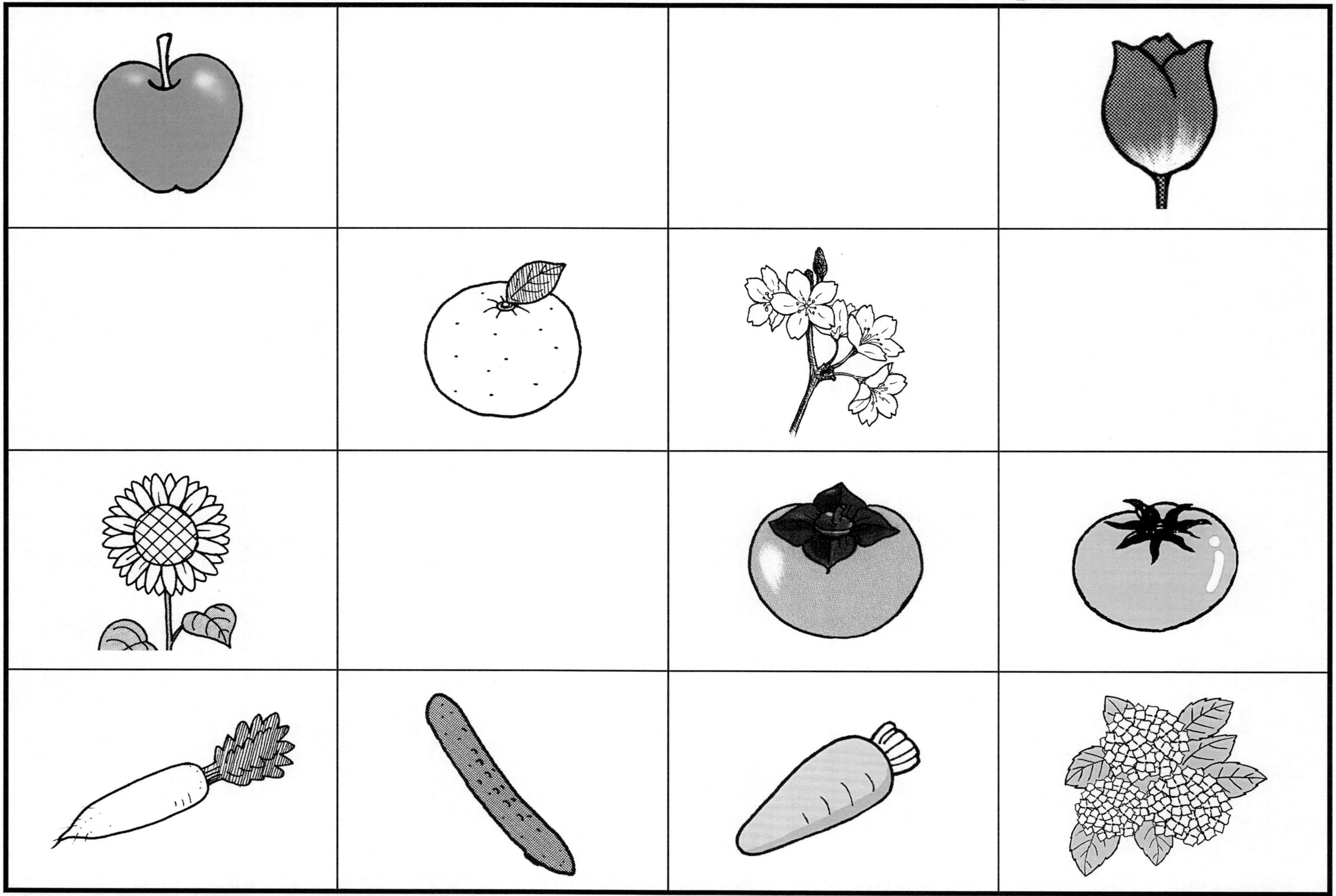

2025 年度　西武学園文理・開智所沢　過去　無断複製／転載を禁ずる　　　　日本学習図書株式会社

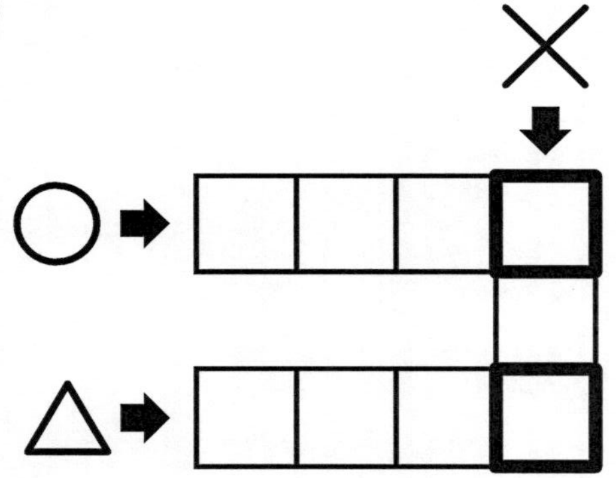

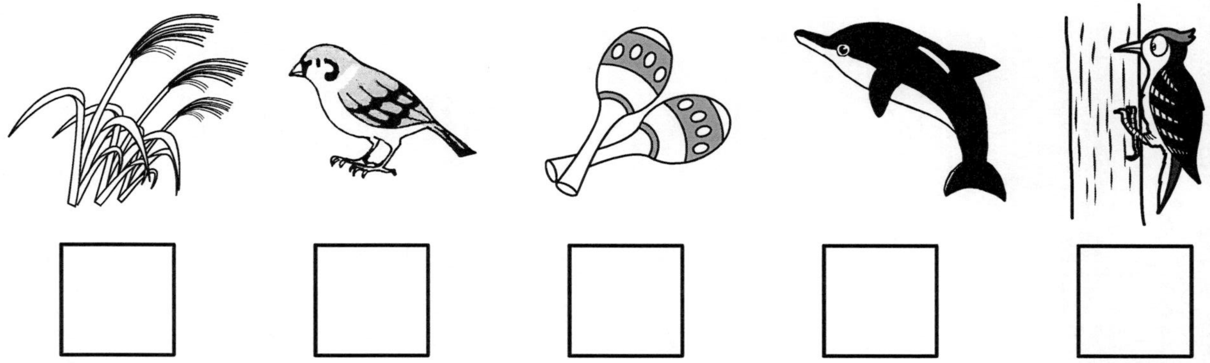

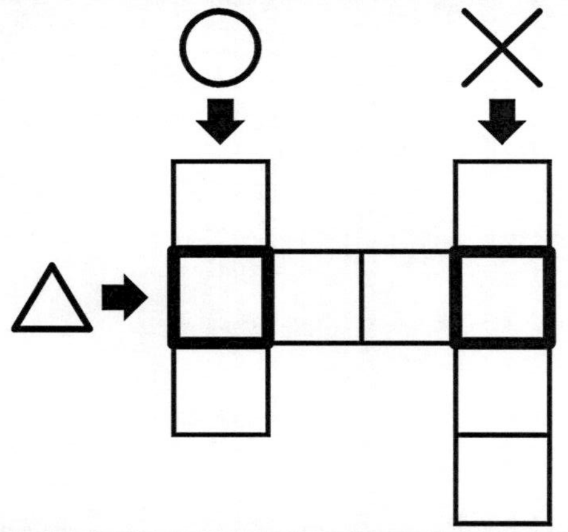

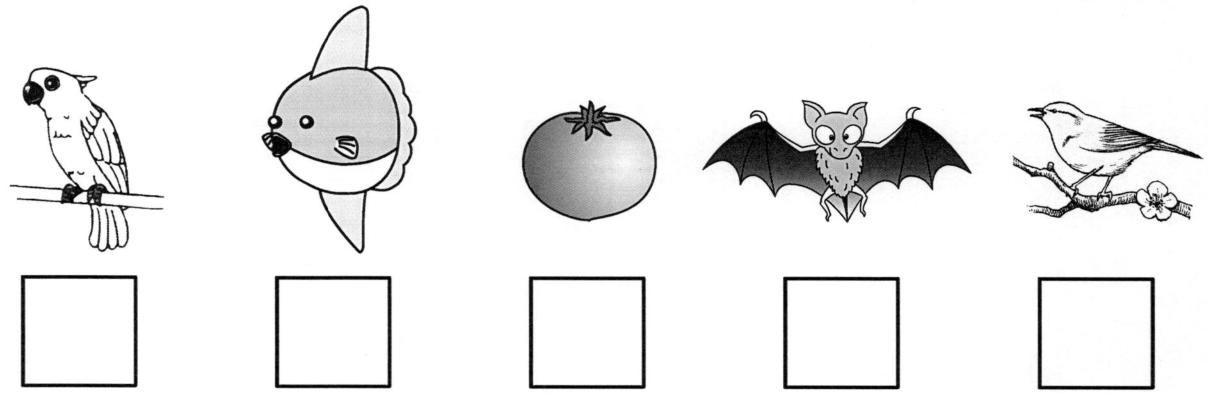

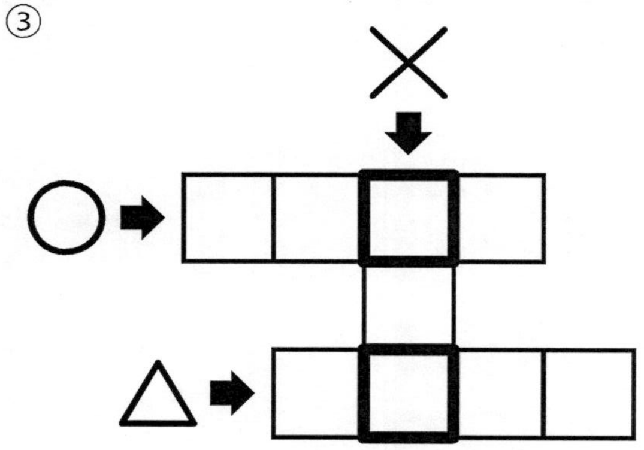

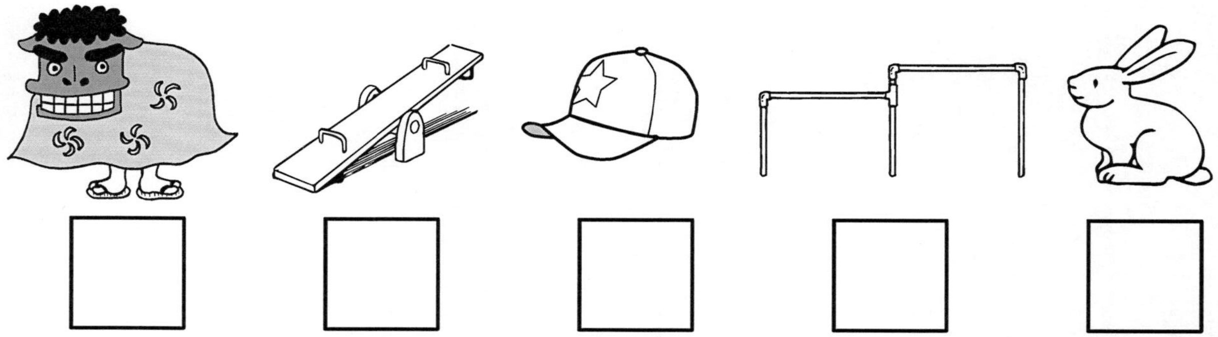

# 問題３０

①

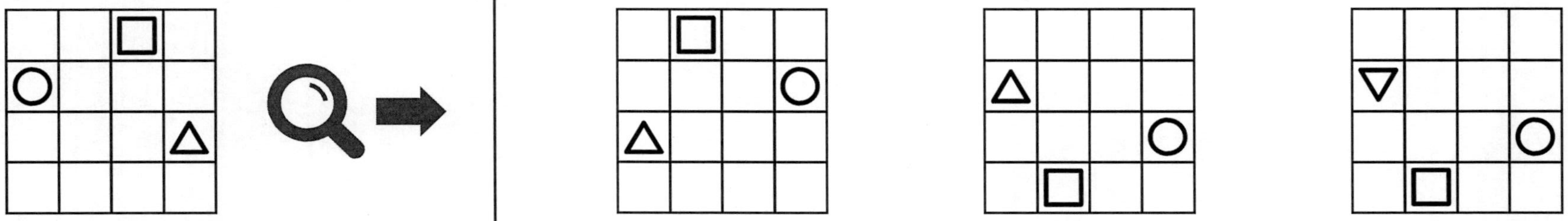

②

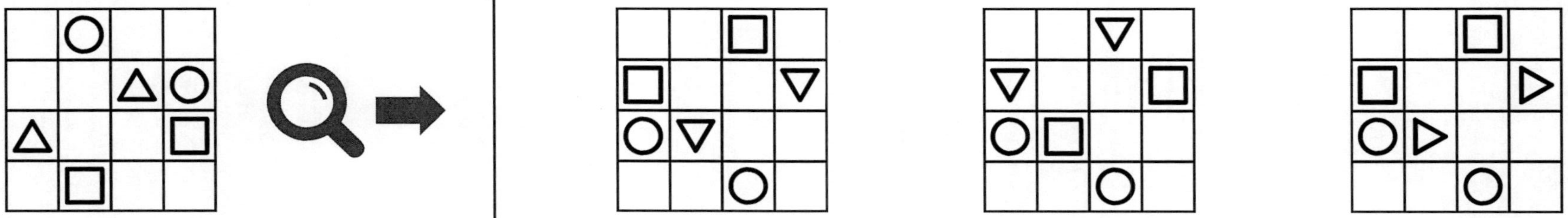

③

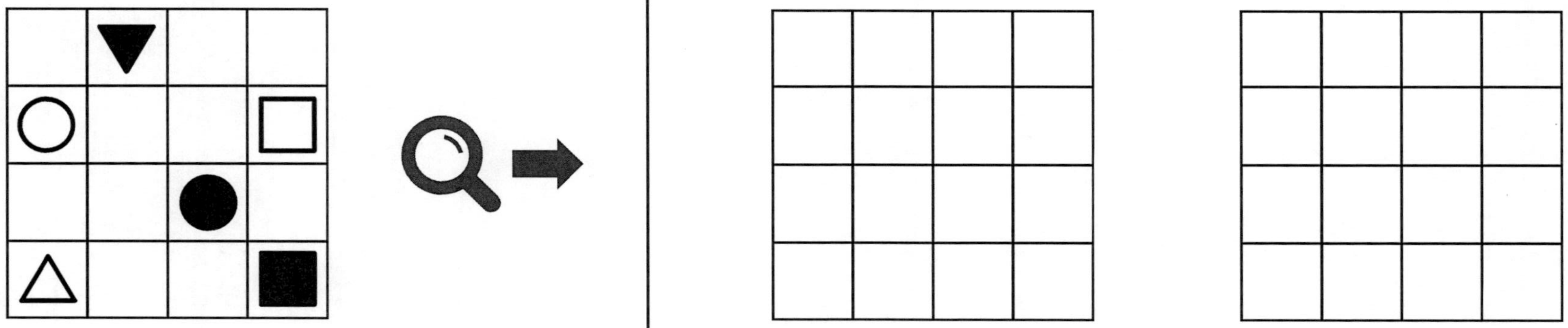

2025 年度　西武学園文理・開智所沢　過去　無断複製／転載を禁ずる　　日本学習図書株式会社

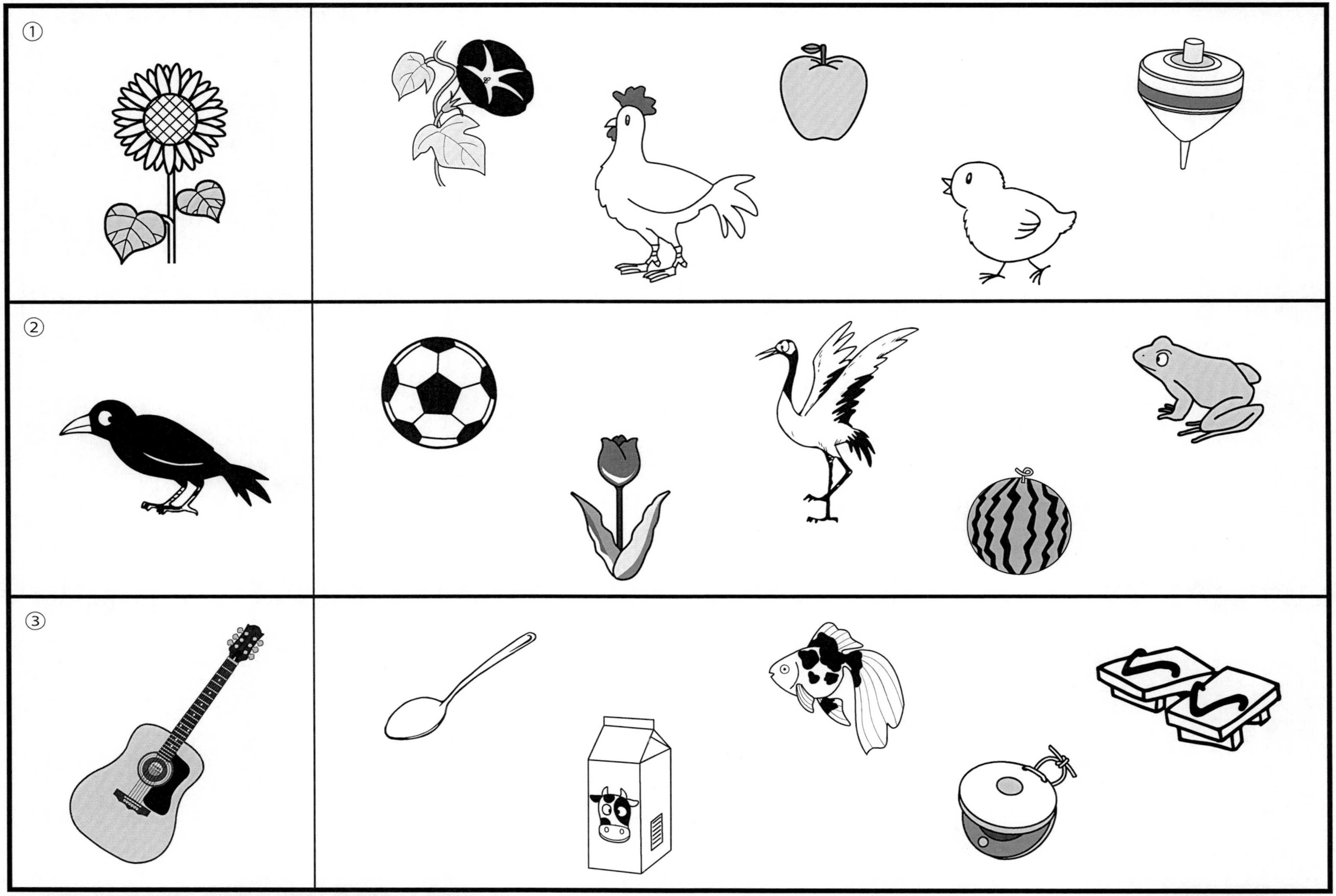

# 問題３２

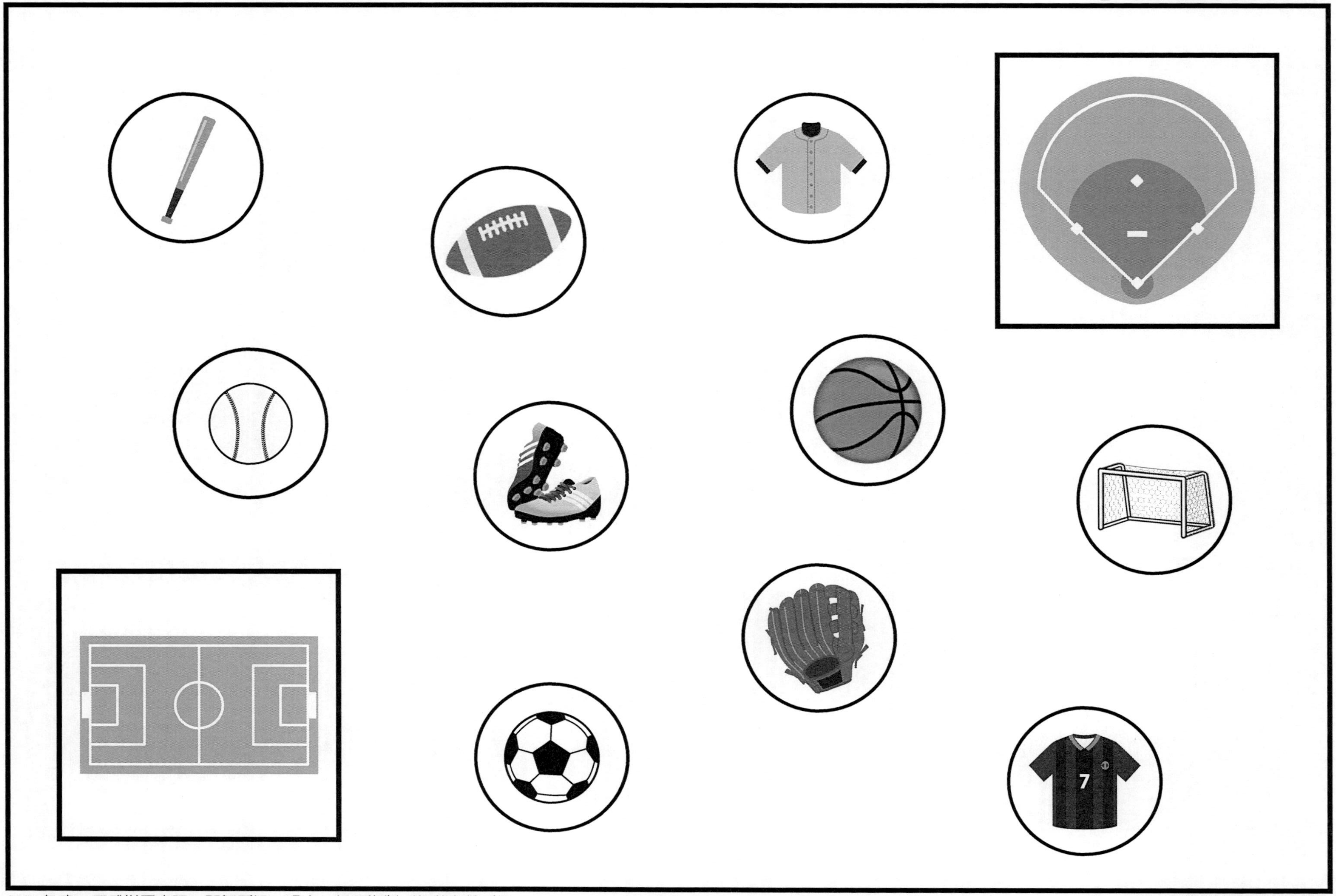

# 問題３３

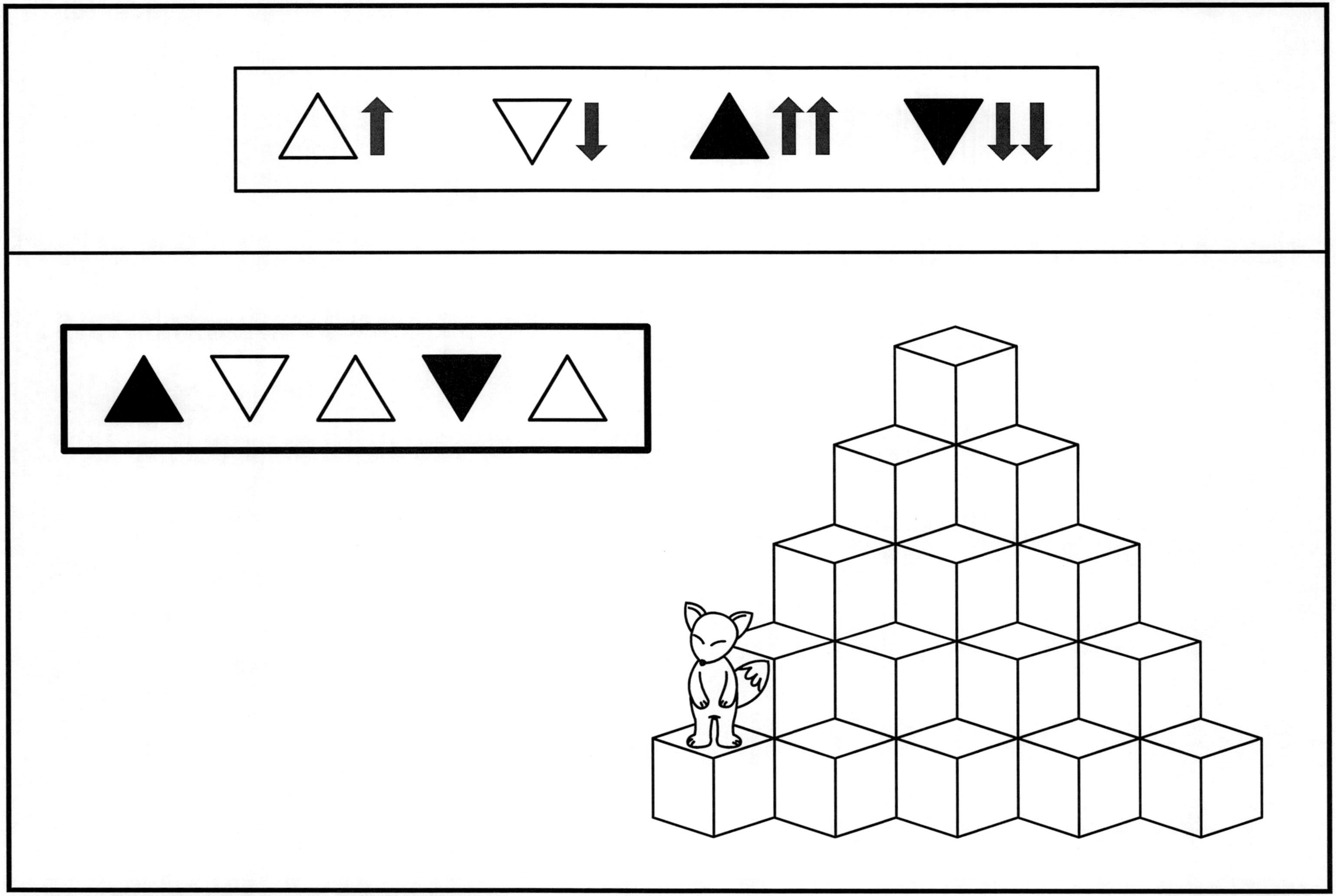

2025 年度　西武学園文理・開智所沢　過去　無断複製／転載を禁ずる

日本学習図書株式会社

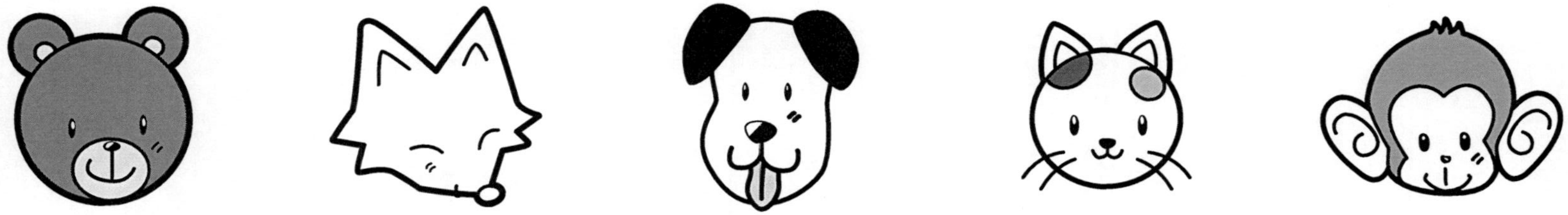

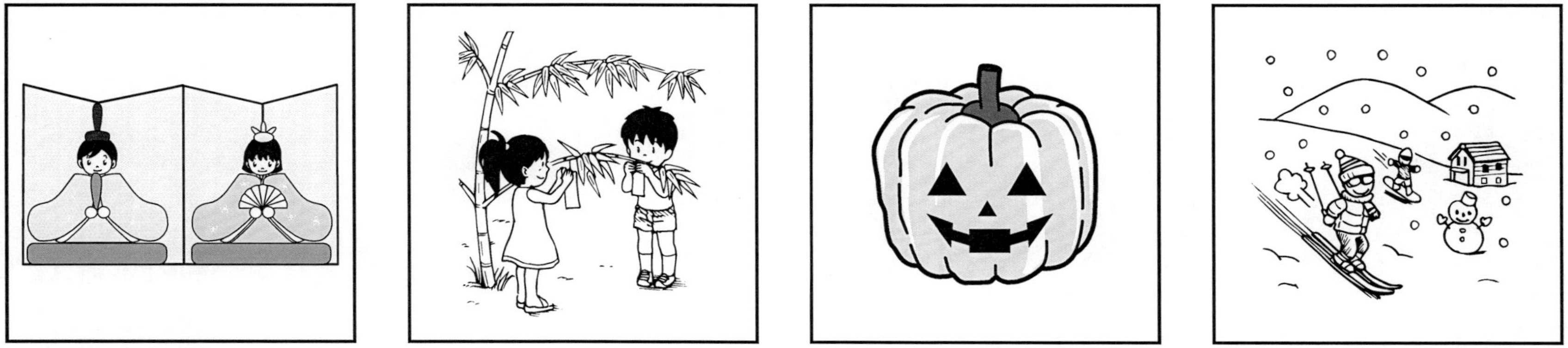

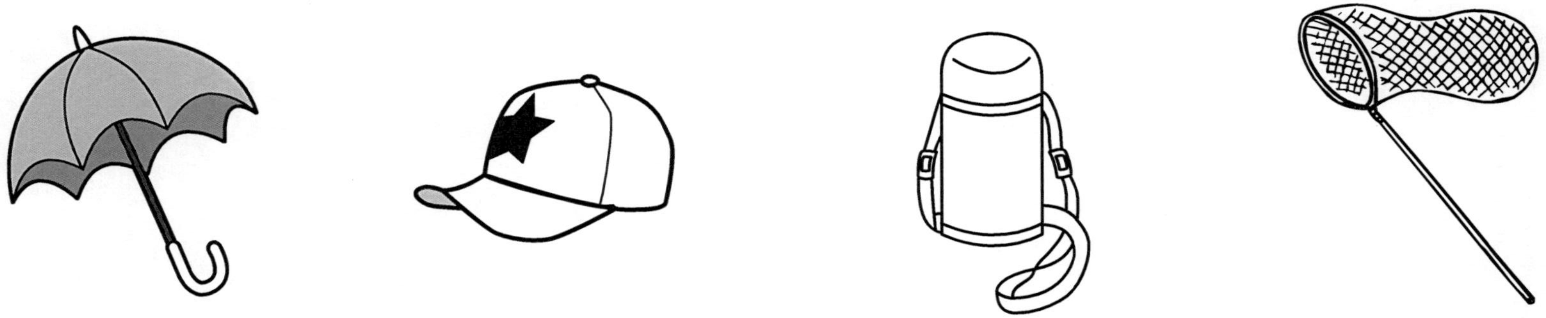

④

⑤

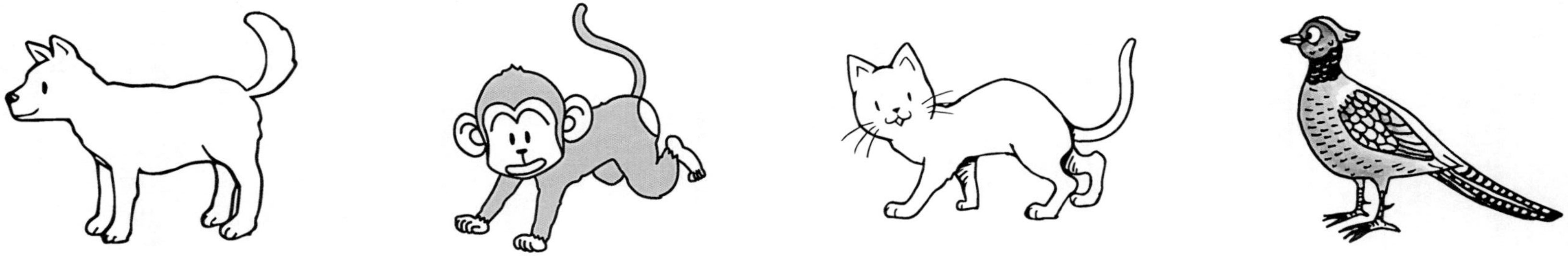

⑥

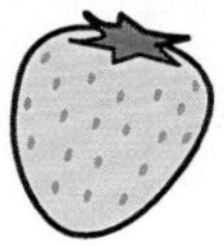

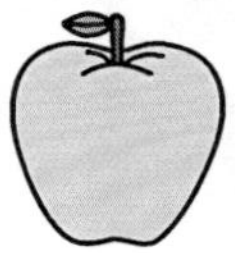

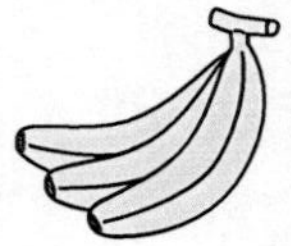

問題３５

①

②

③

2025年度　西武学園文理・開智所沢　過去　無断複製／転載を禁ずる

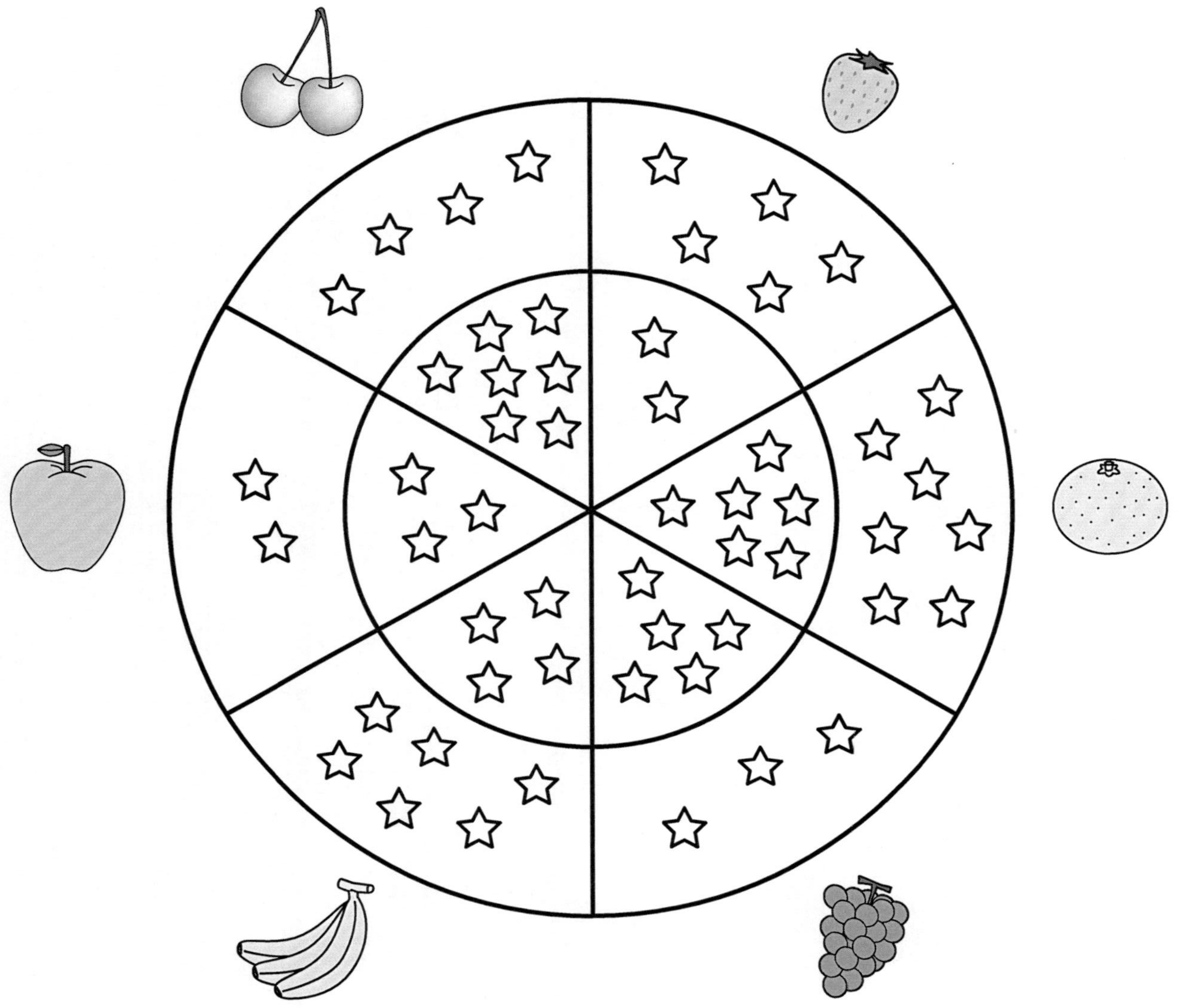

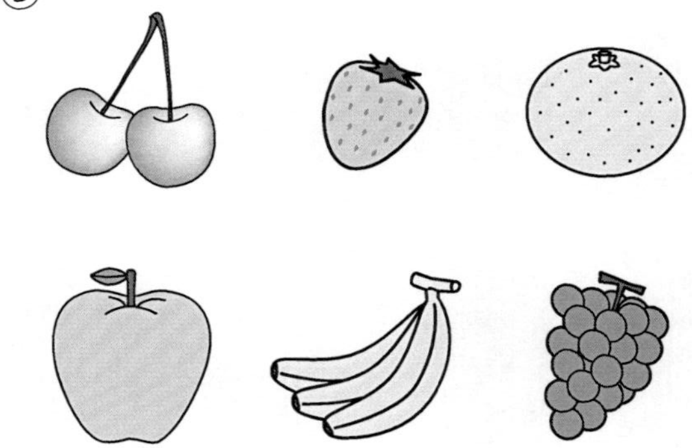

2025 年度　西武学園文理・開智所沢　過去　無断複製／転載を禁ずる　　日本学習図書株式会社

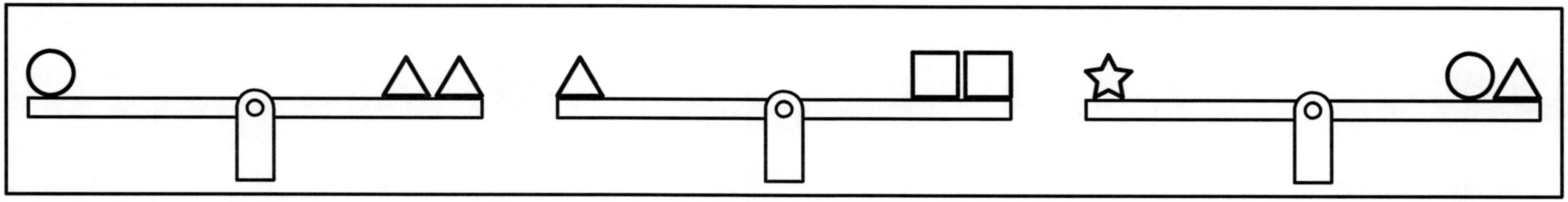

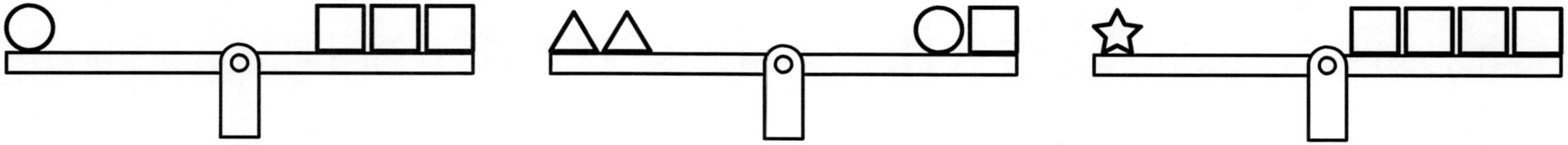

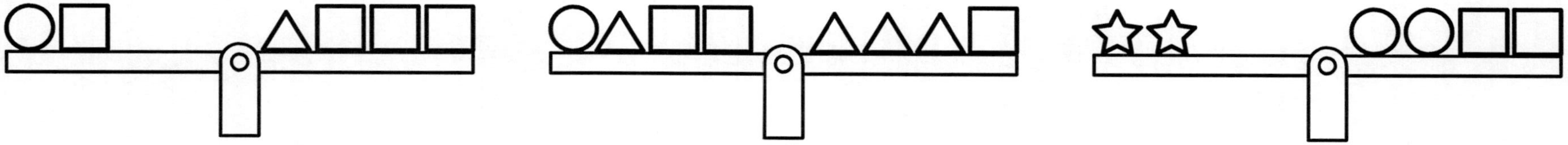

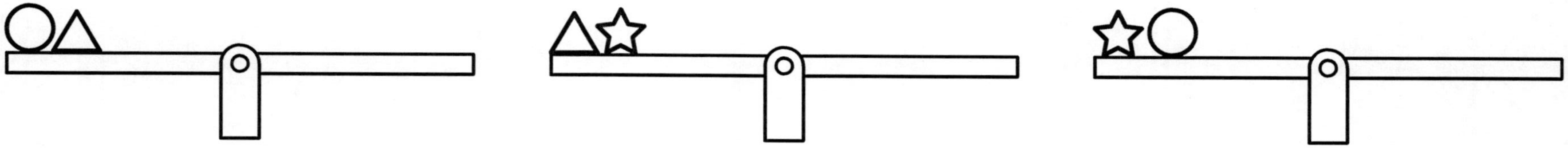

# 問題３７

①階段登り→飛び降り

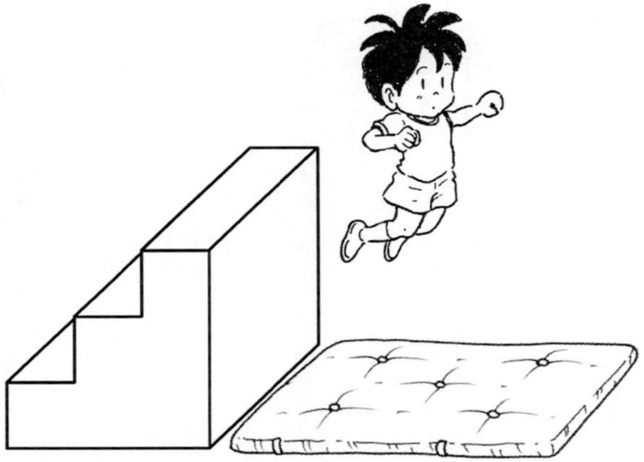

②鉄棒ぶら下がり

③飛行機のポーズ

④平均台渡り

⑤ケンパー

⑥後ろ歩き→スキップ

④

⑤

①

②

③

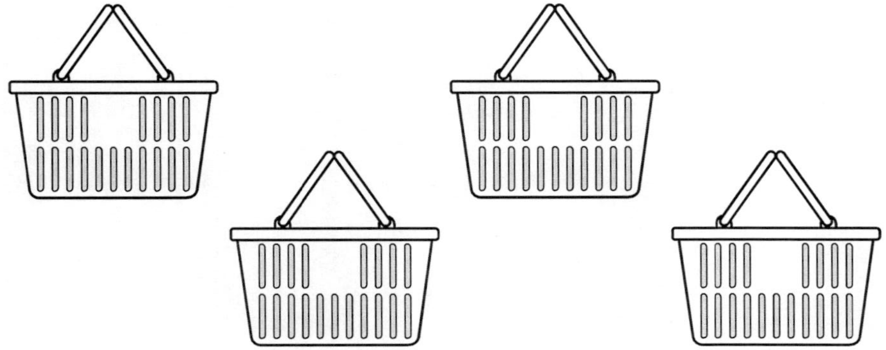

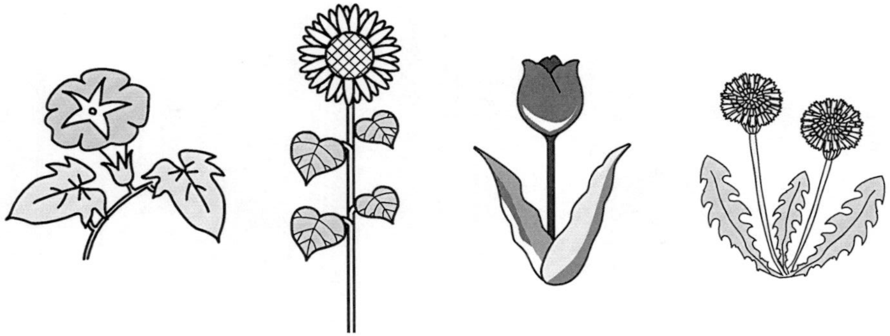

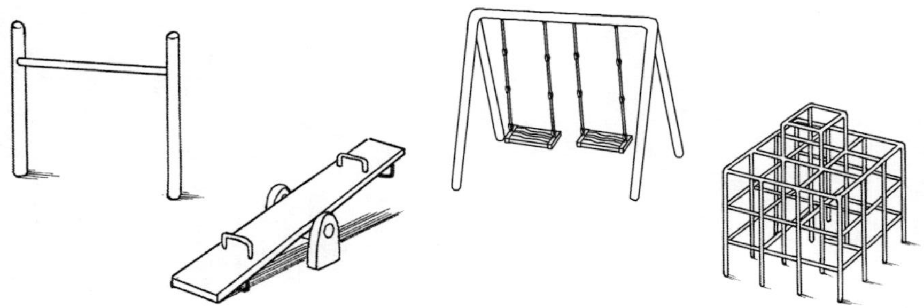

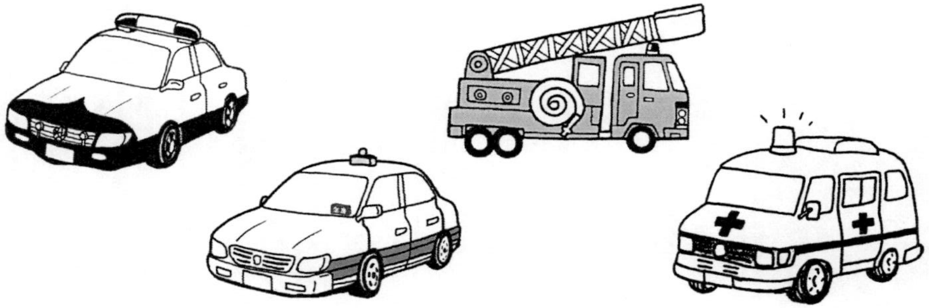

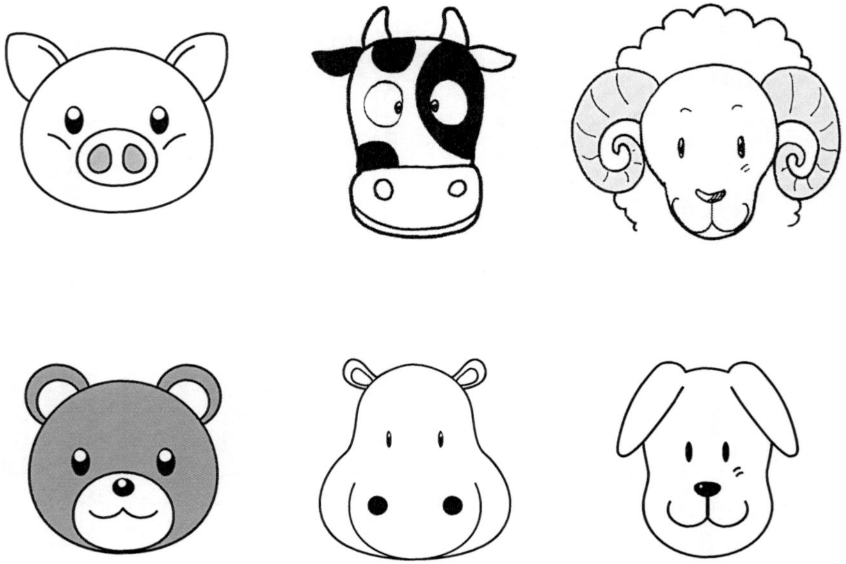

# 問題42−1

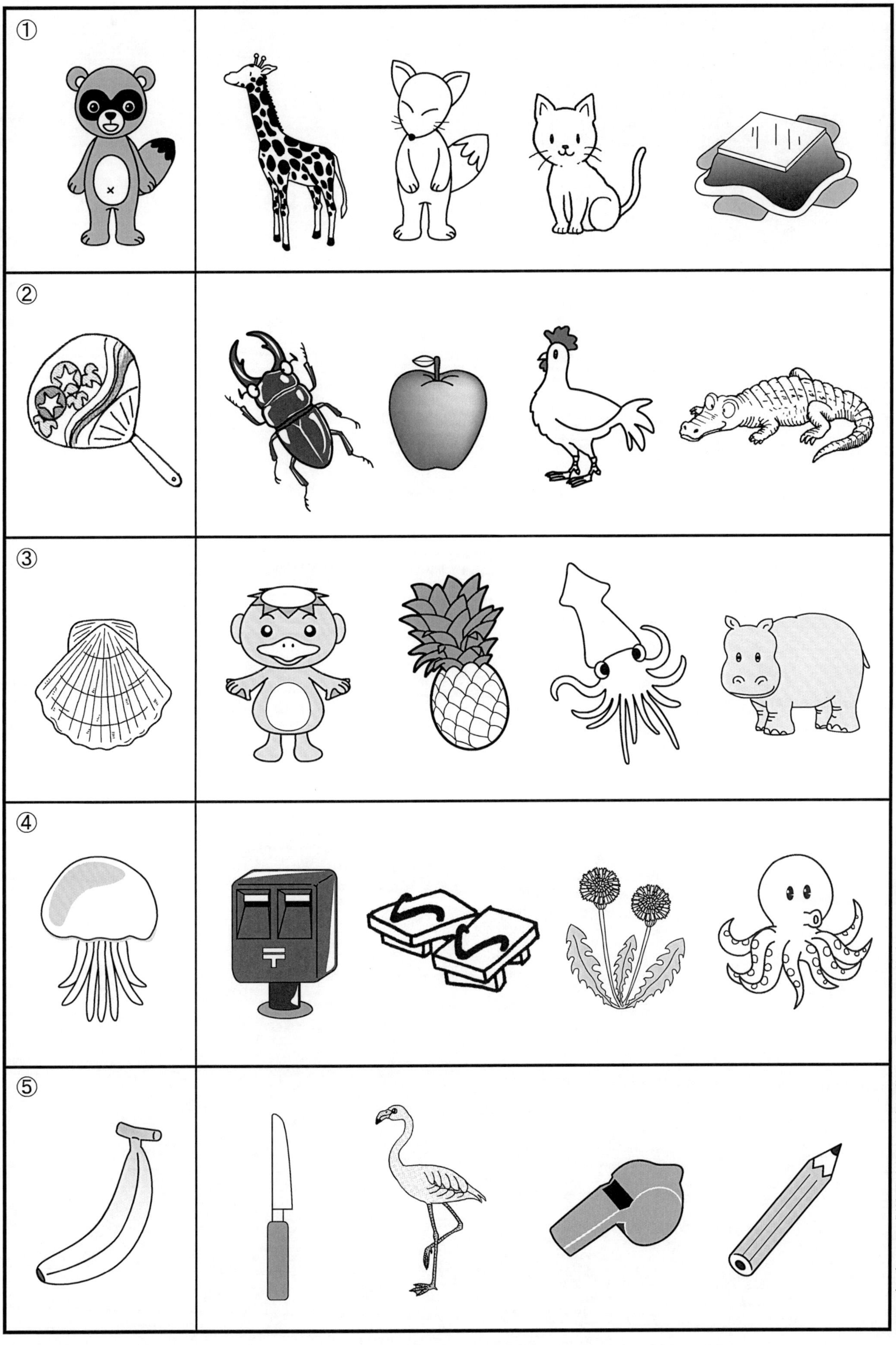




日本学習図書株式会社

# 問題4 2－2

⑥

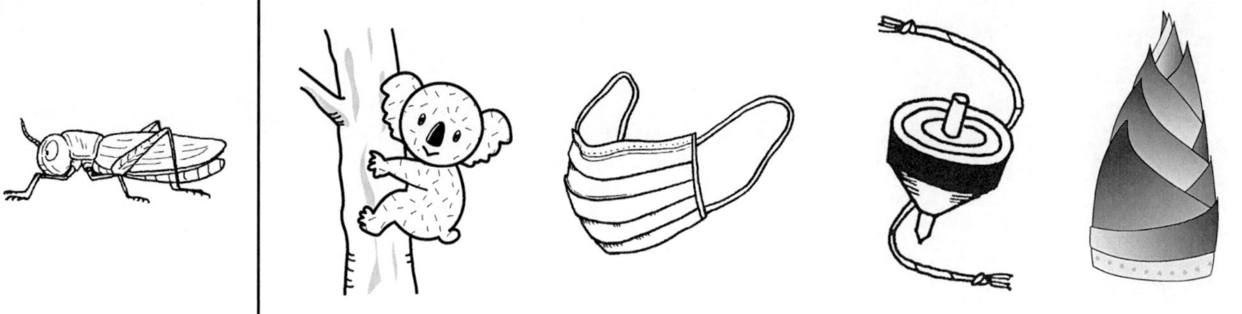

⑦

⑧

⑨

⑩

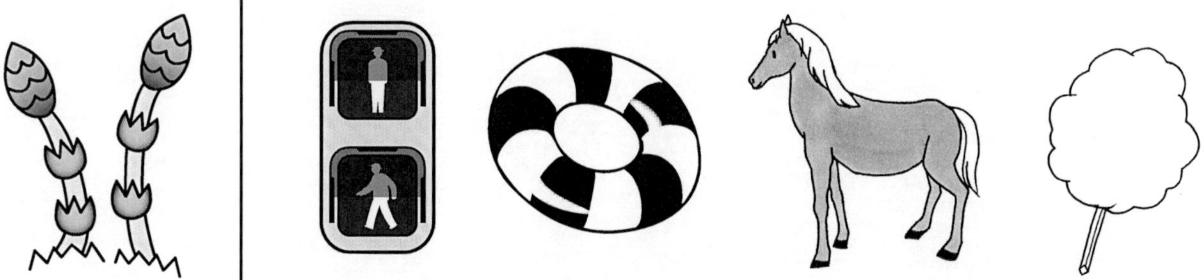

日本学習図書株式会社

2025 年度 西武学園文理・開智所沢 過去 無断複製／転載を禁ずる 日本学習図書株式会社

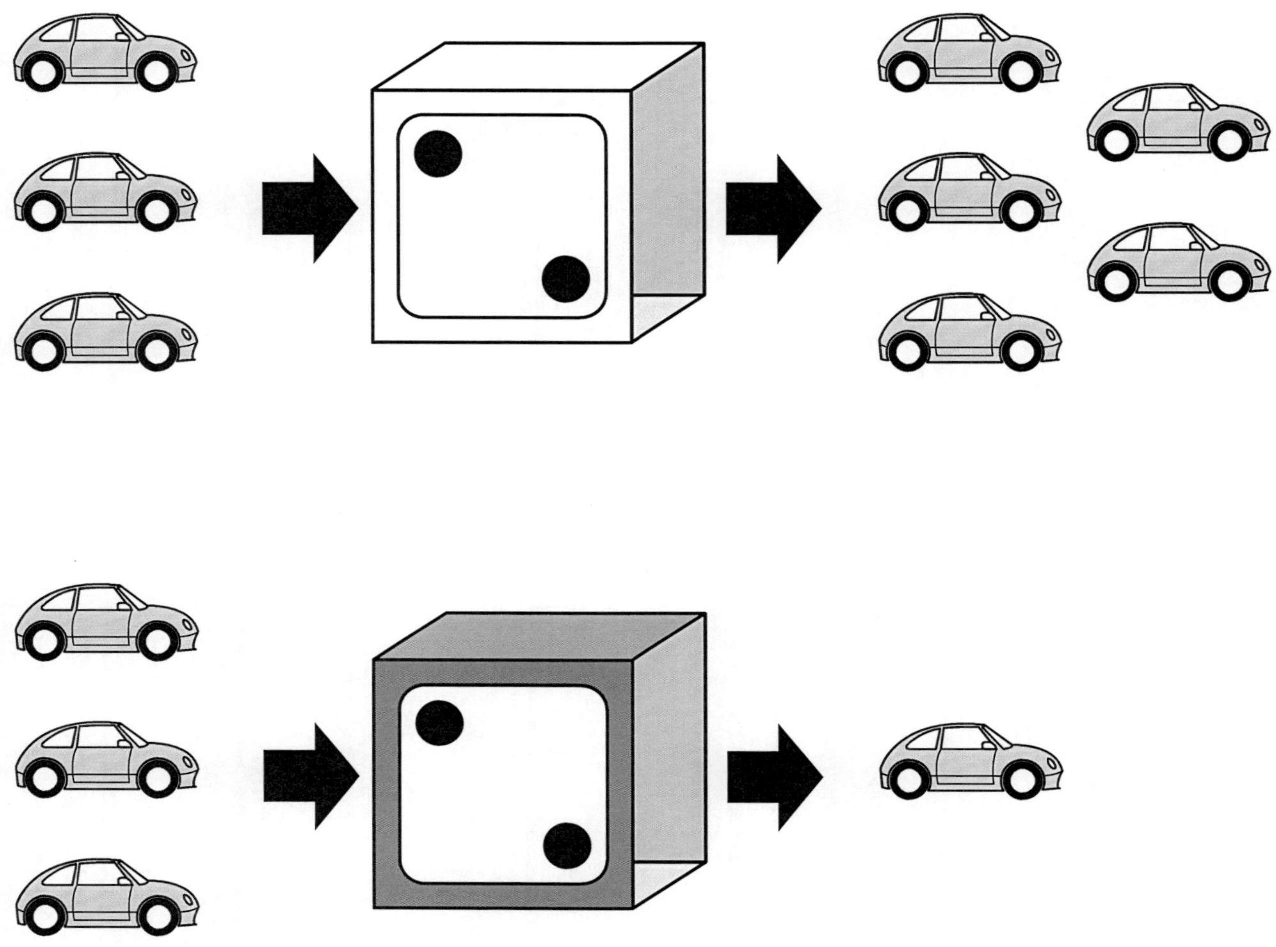

# 問題４３－２

①

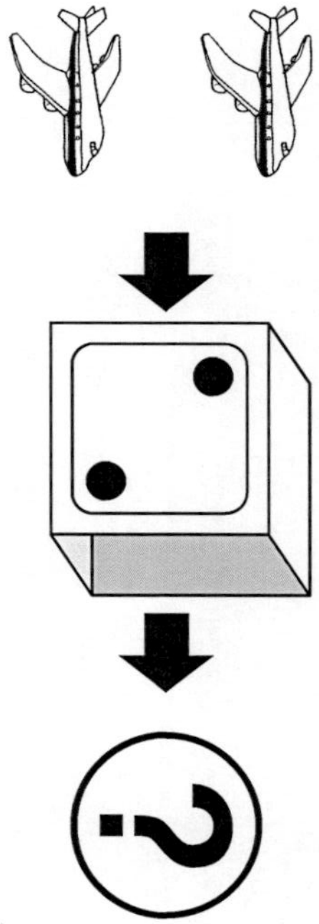

②

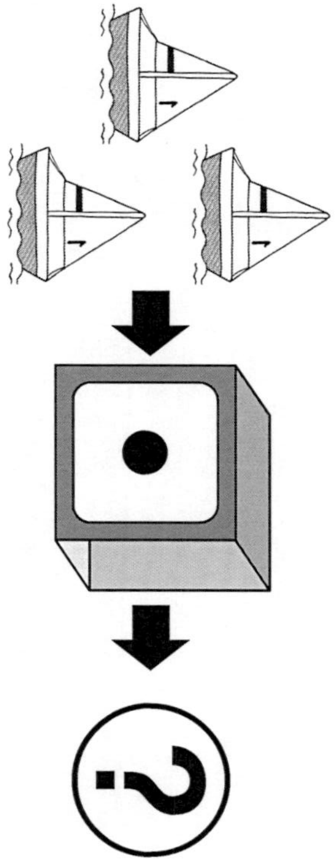

③

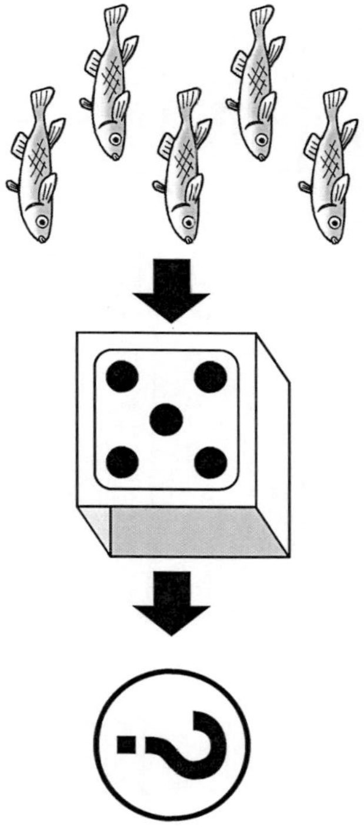

④

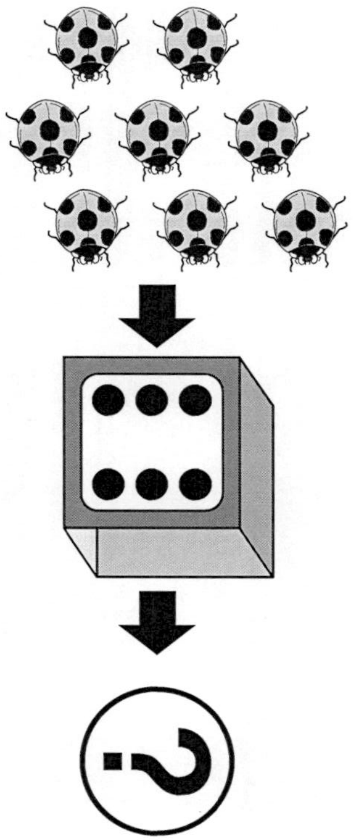

⑤

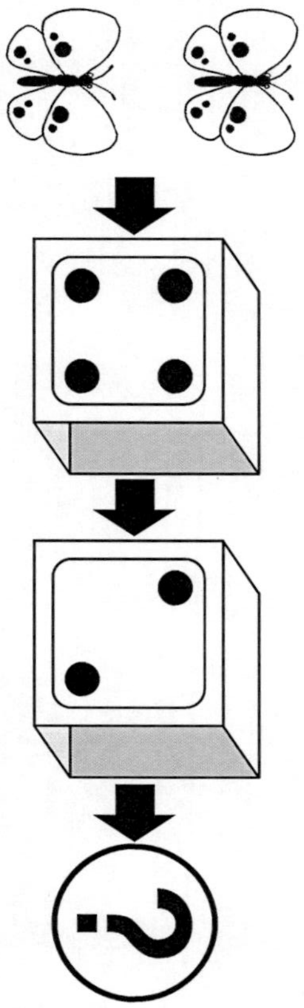

# 問題4 3－3

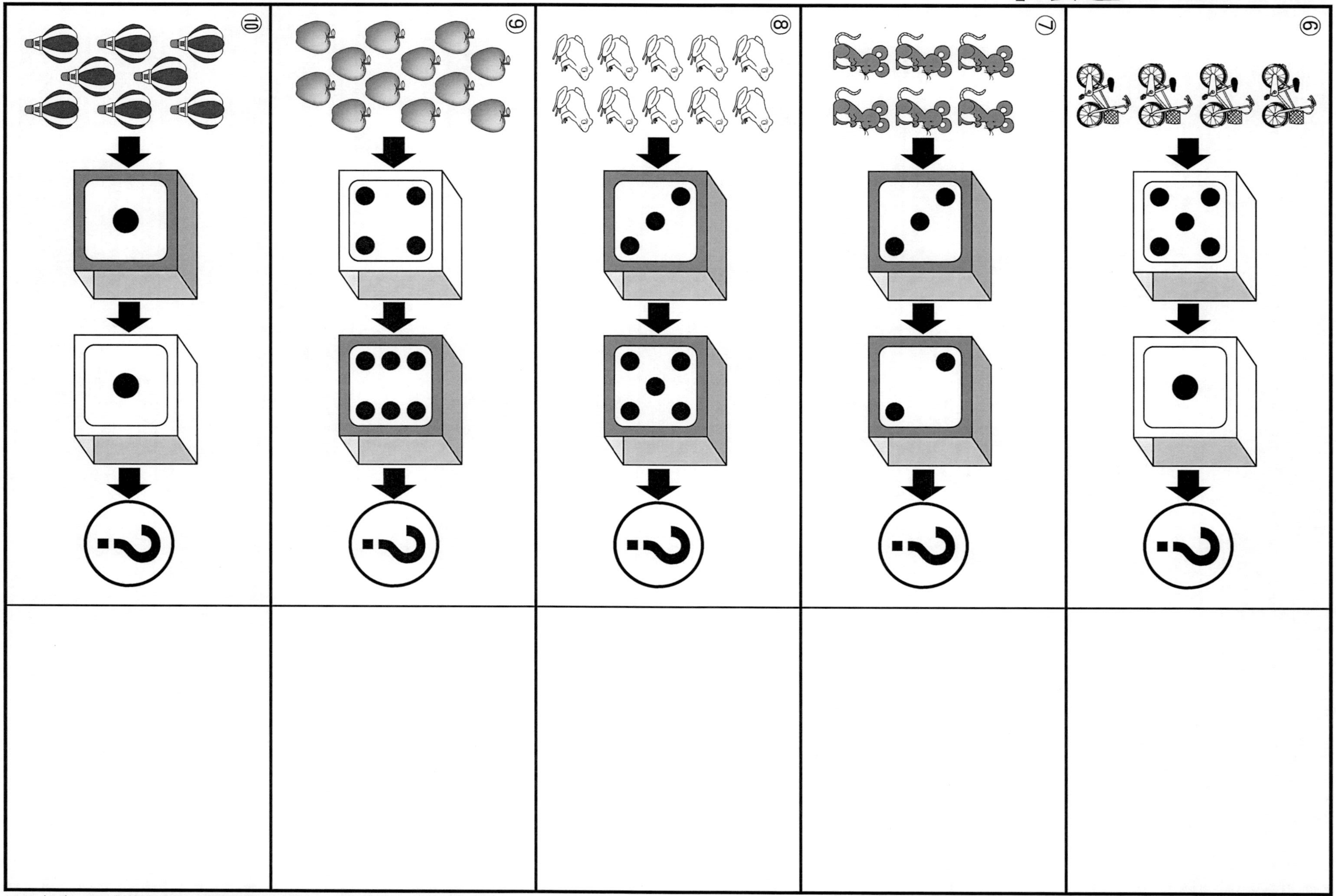




日本学習図書株式会社

# 問題４３－４

⑪

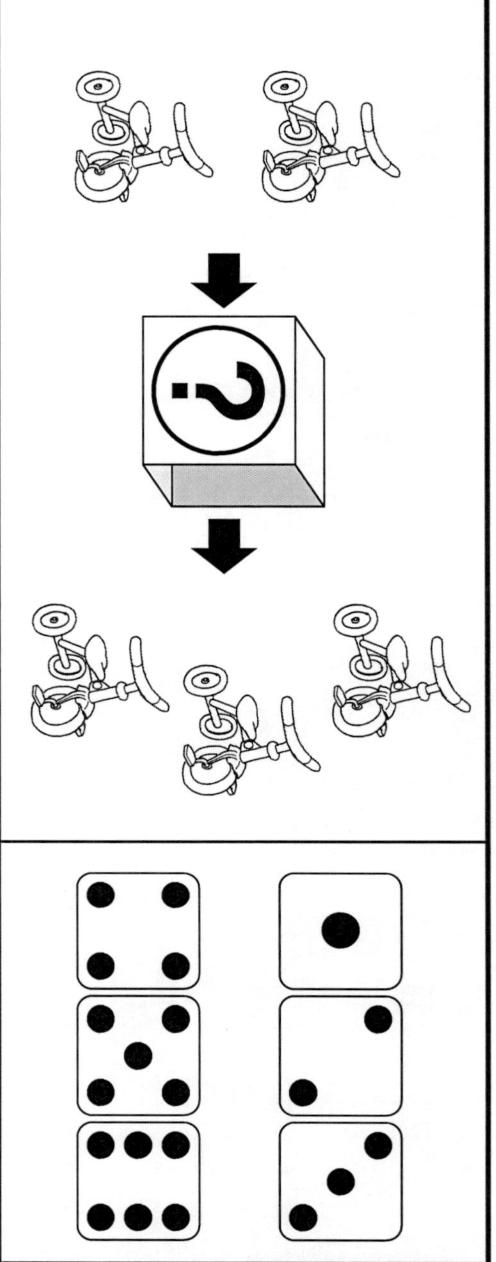

⑫

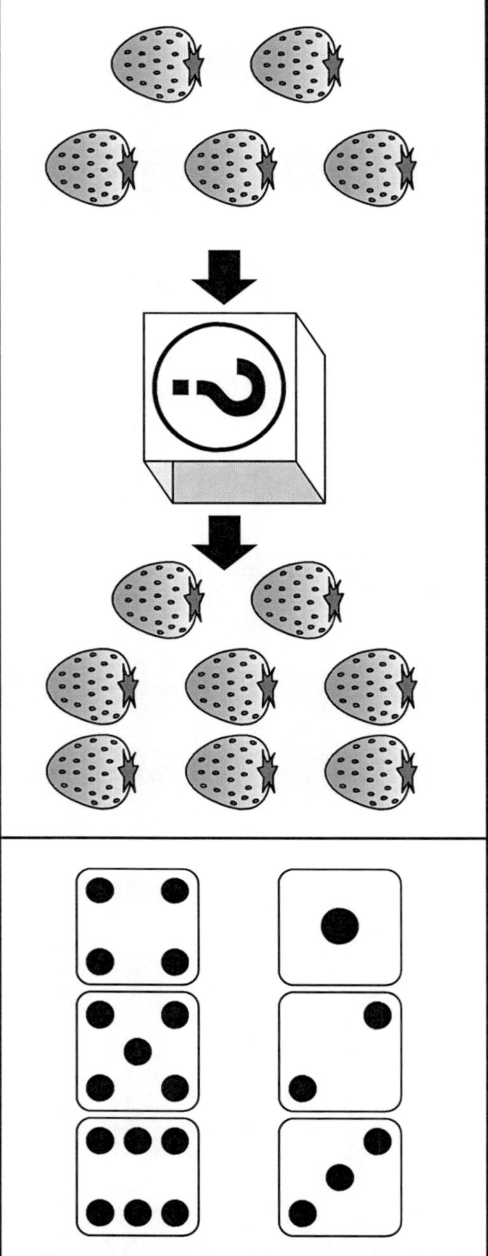

⑬

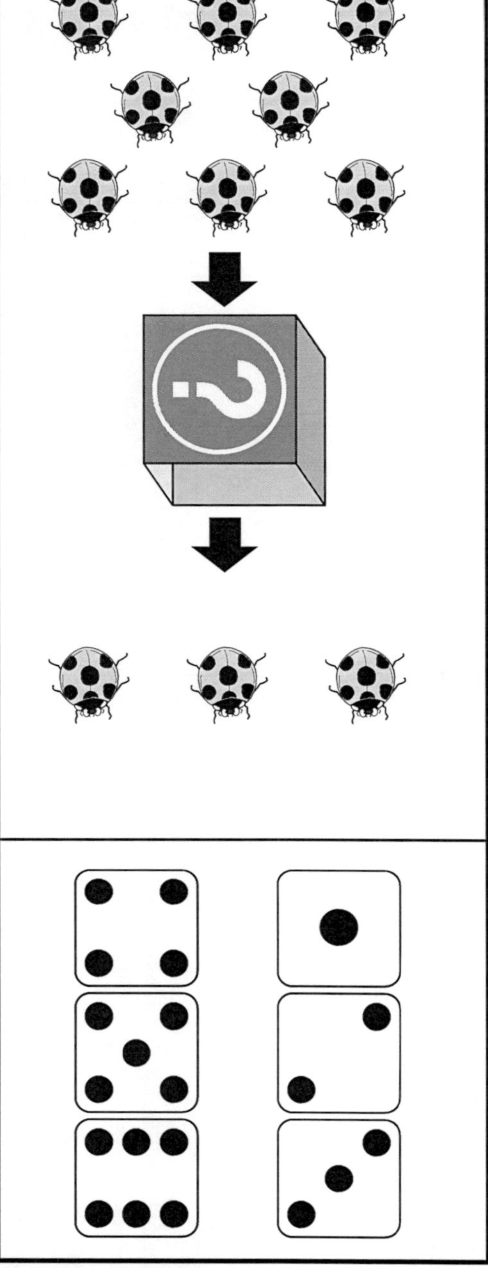

⑭

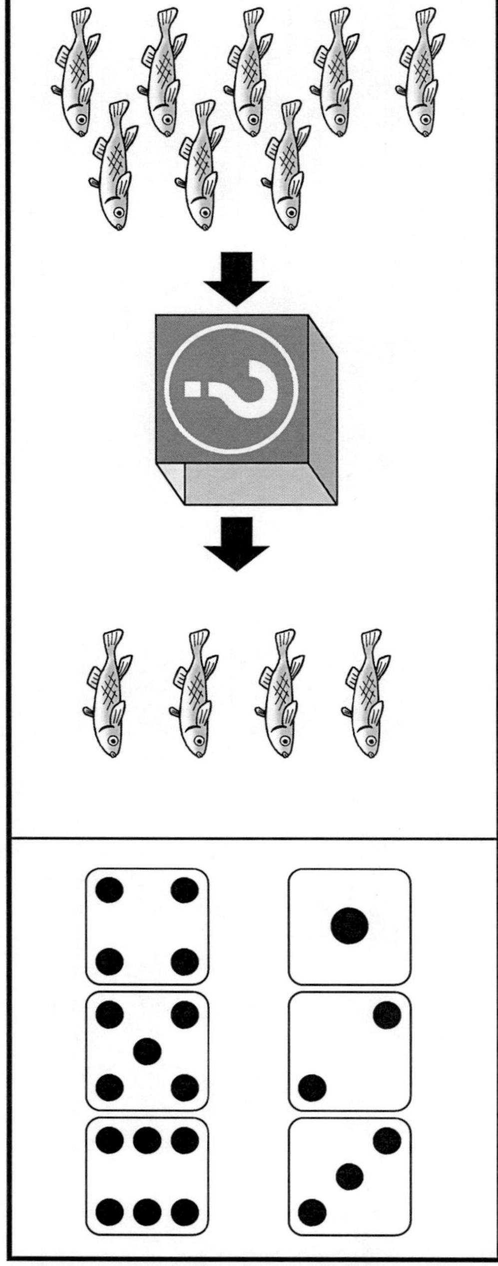

⑰

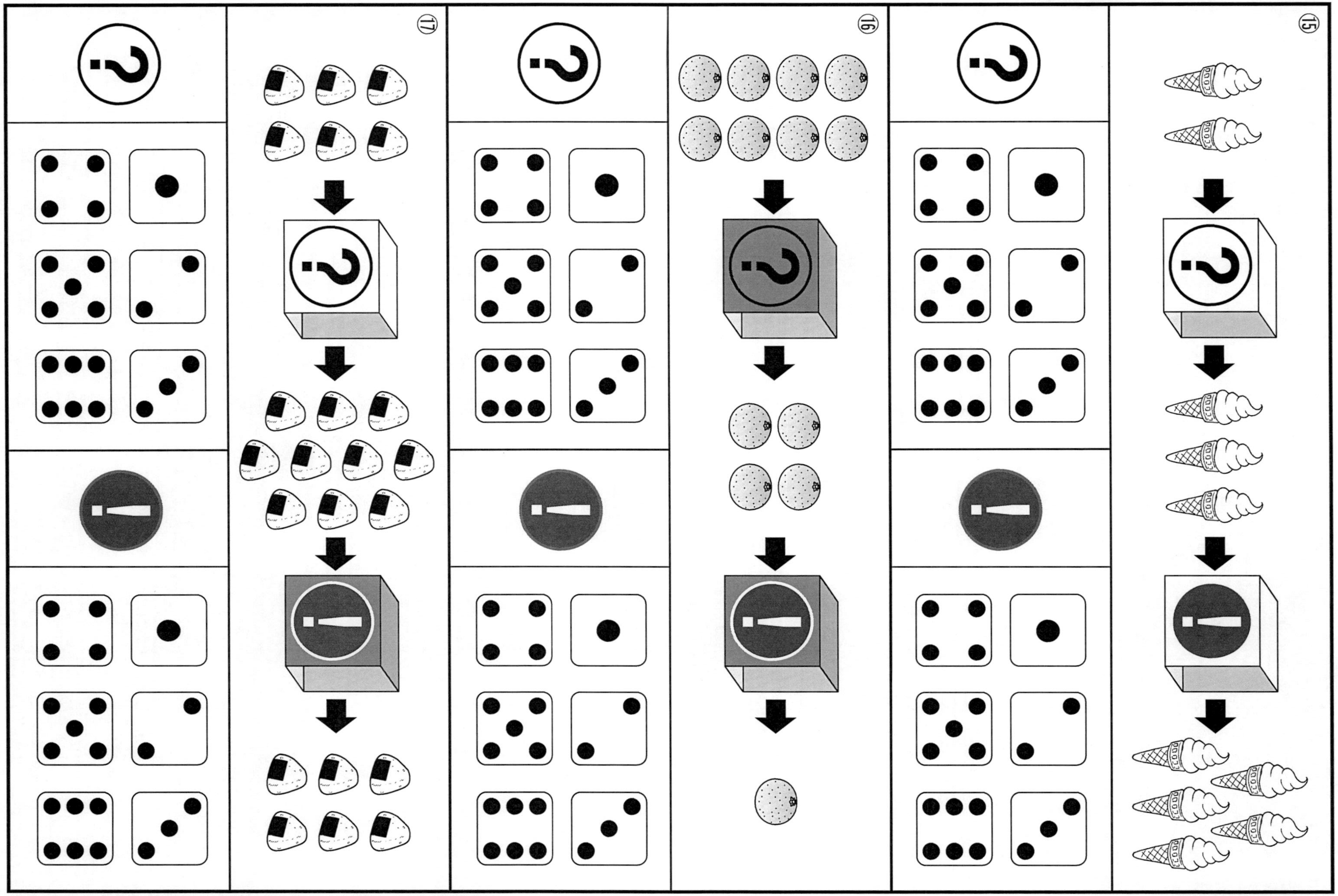

# 問題44－1

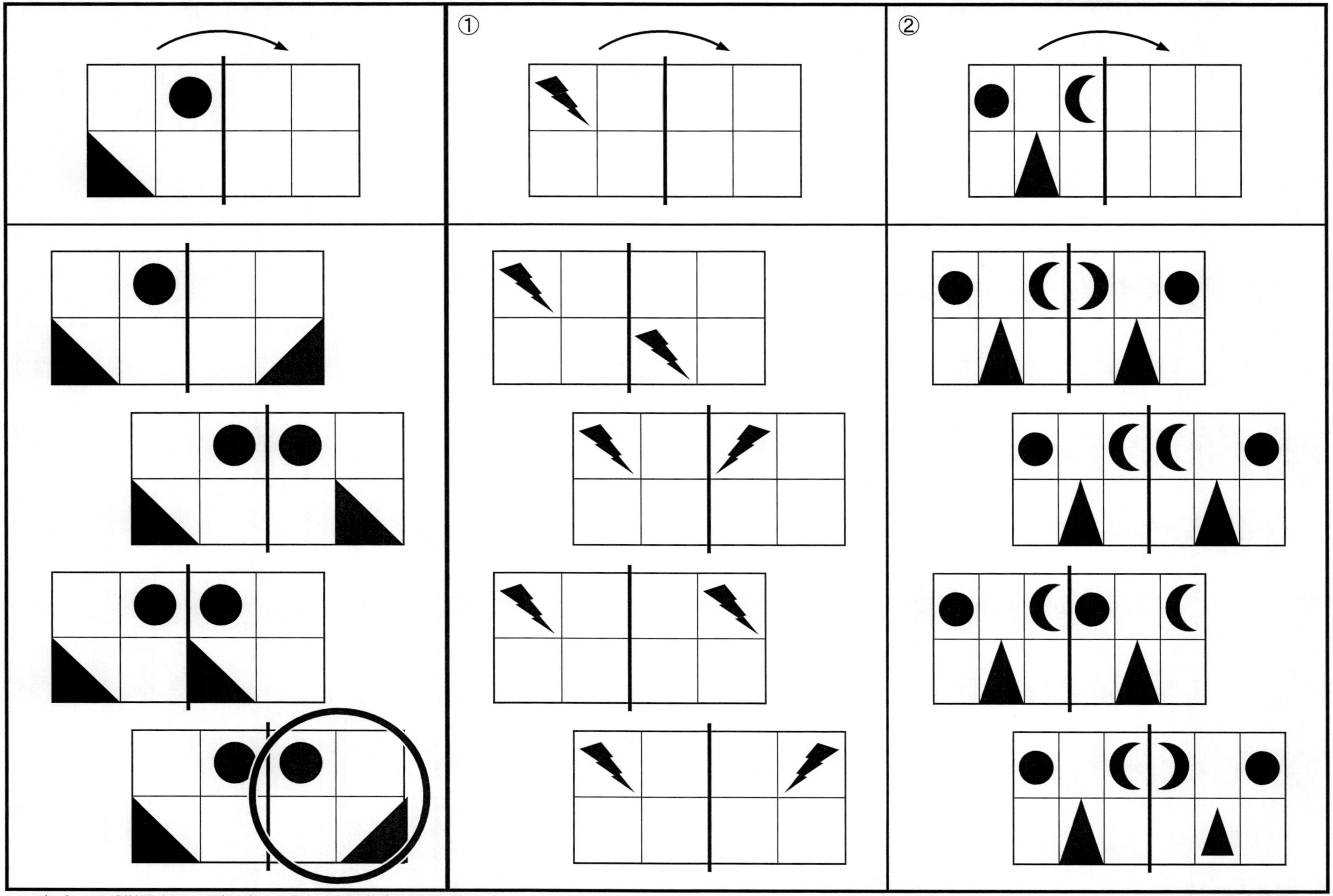

# 問題44－2

③

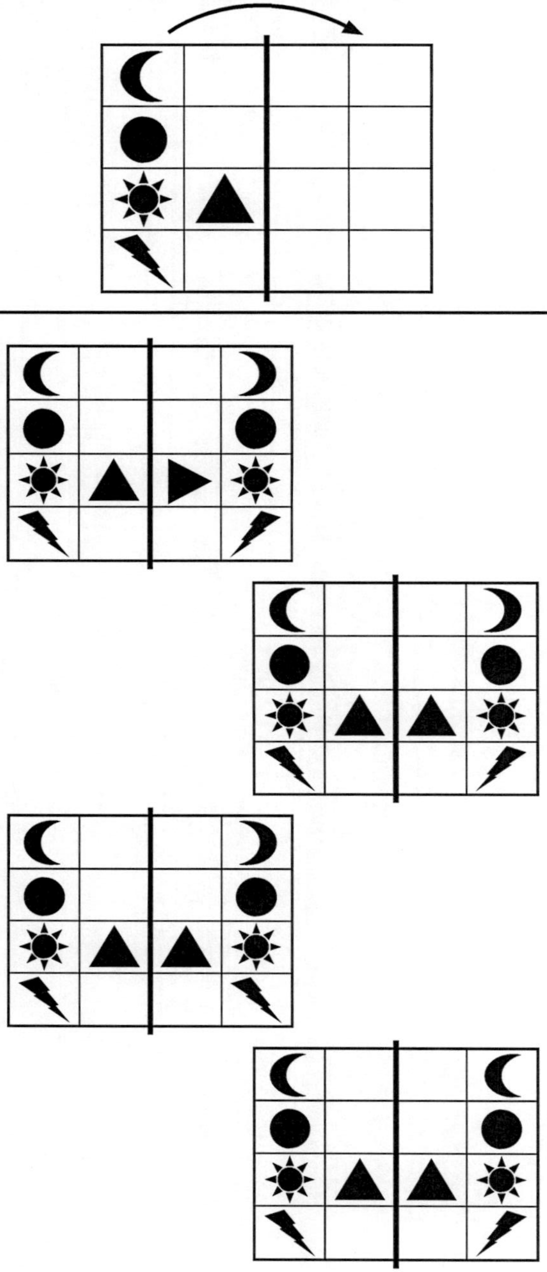

④

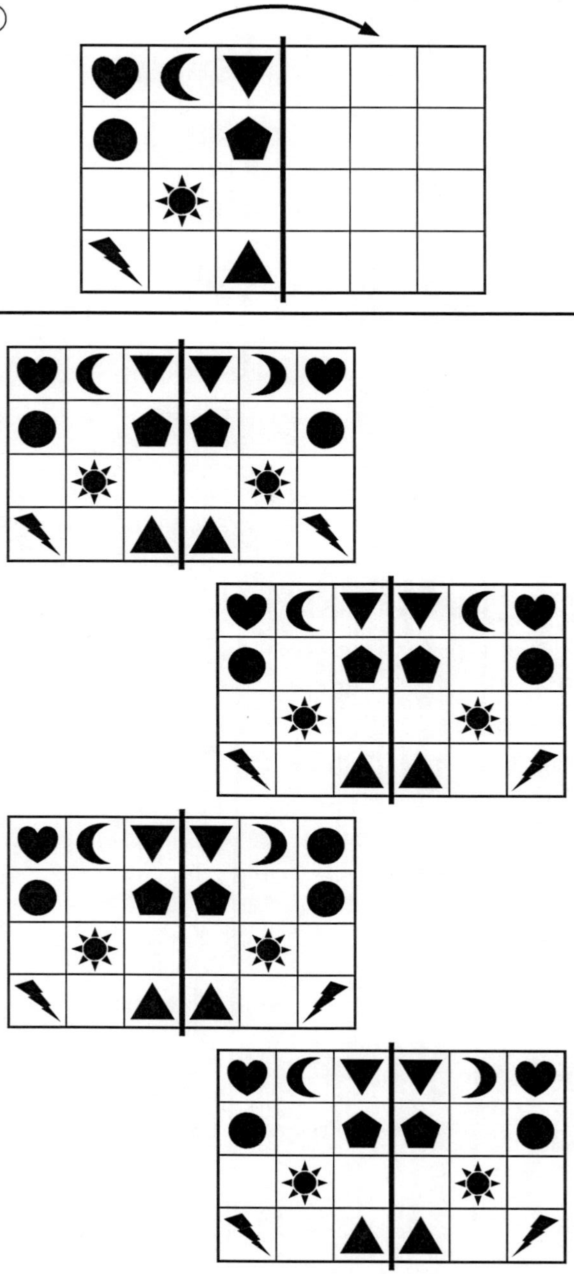

⑤

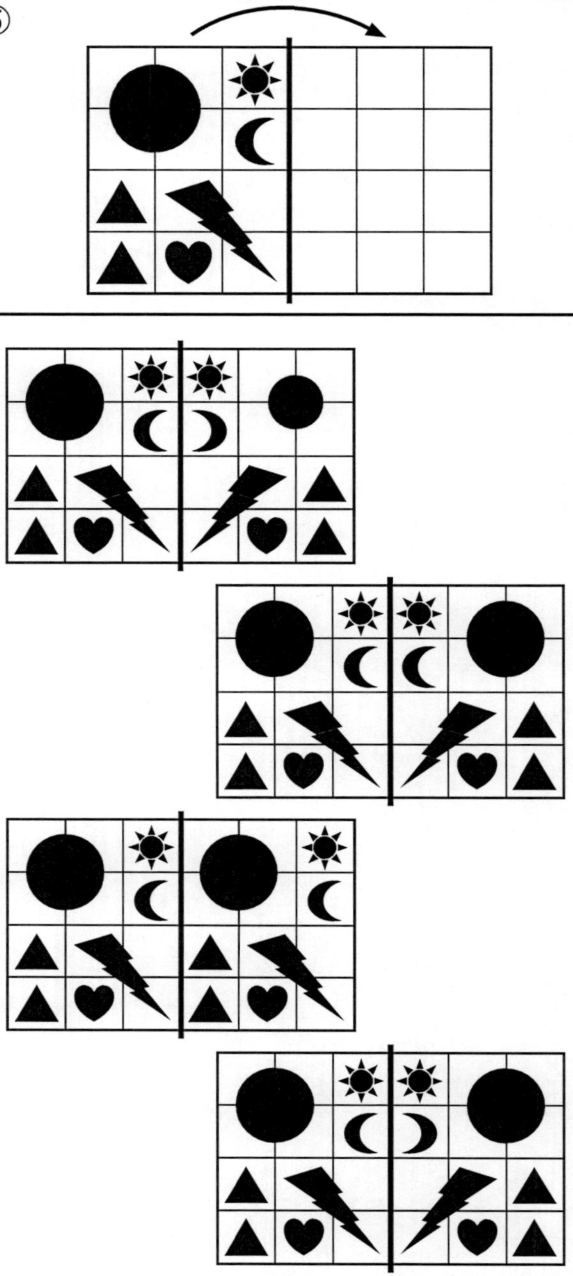

⑧

⑦

⑥

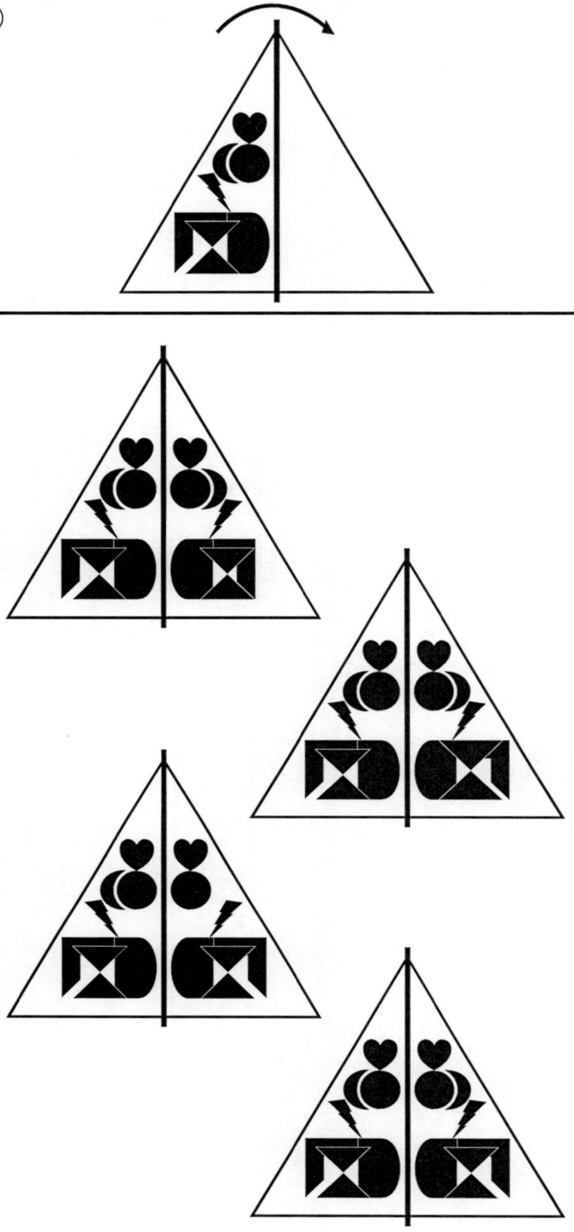

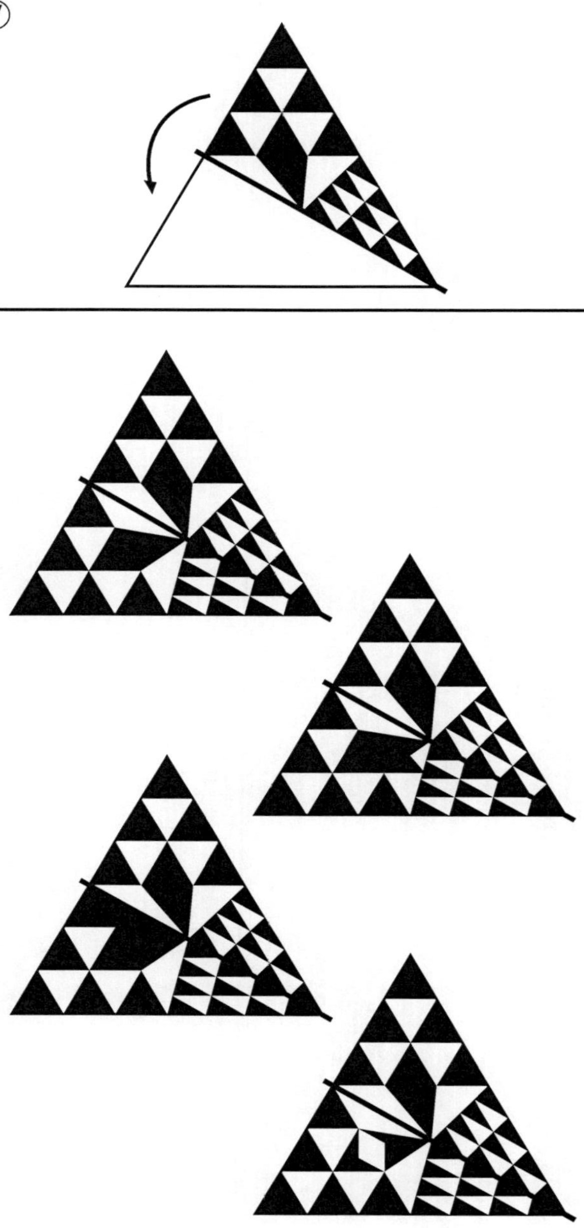

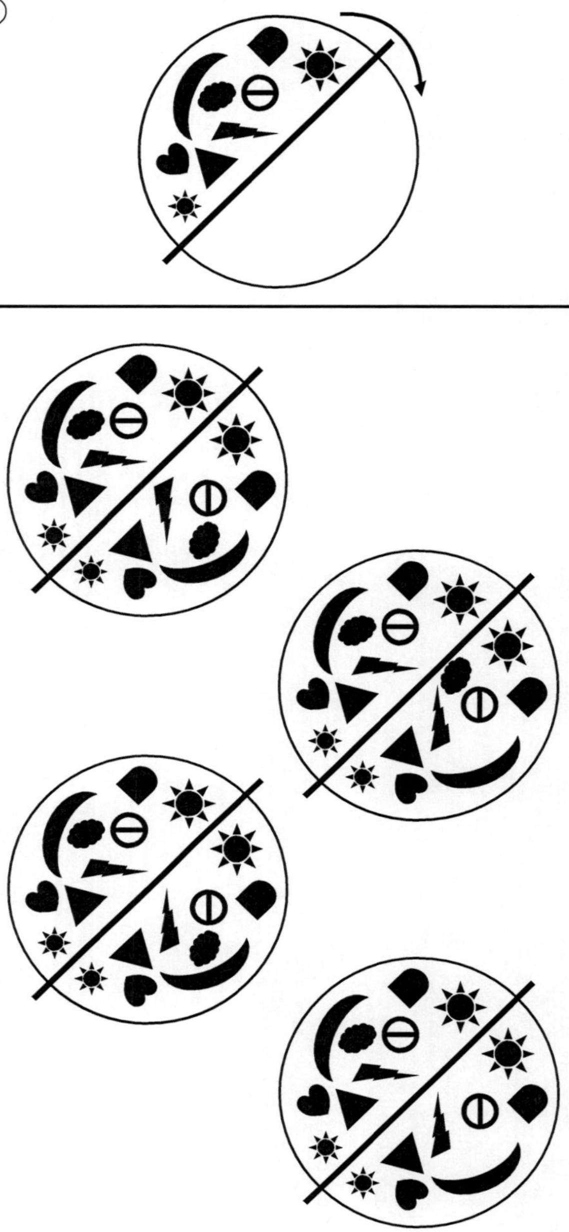

# 問題４４－４

⑨

⑩

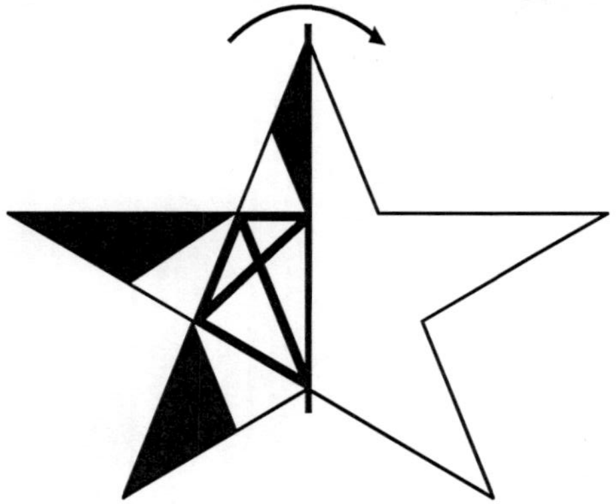

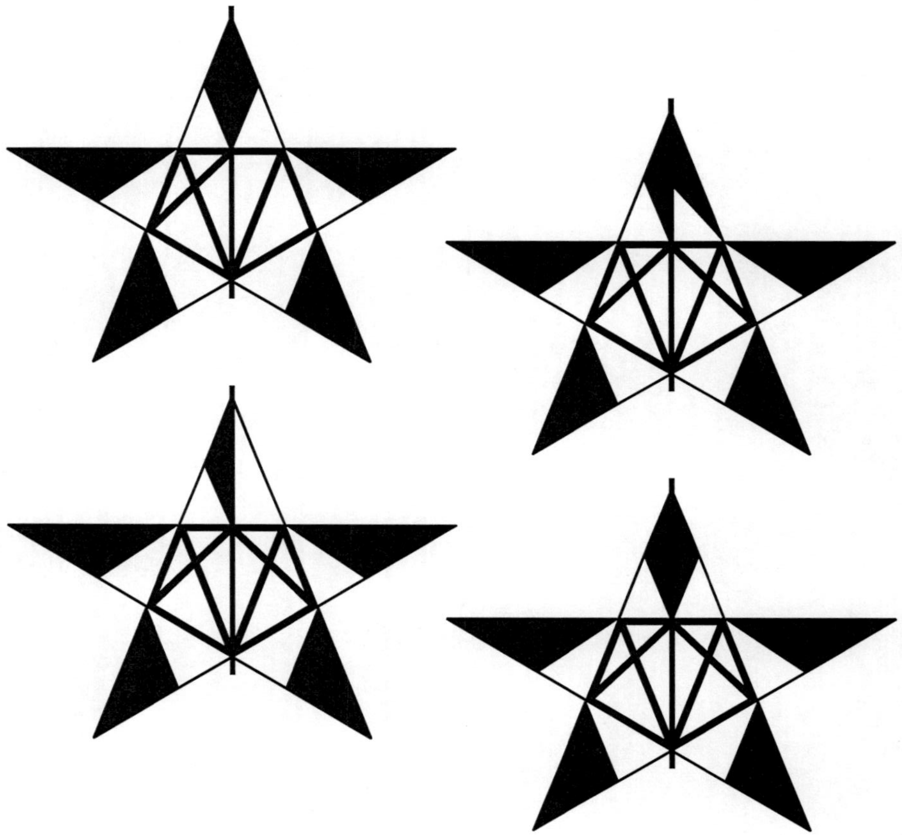

# 問題45－1

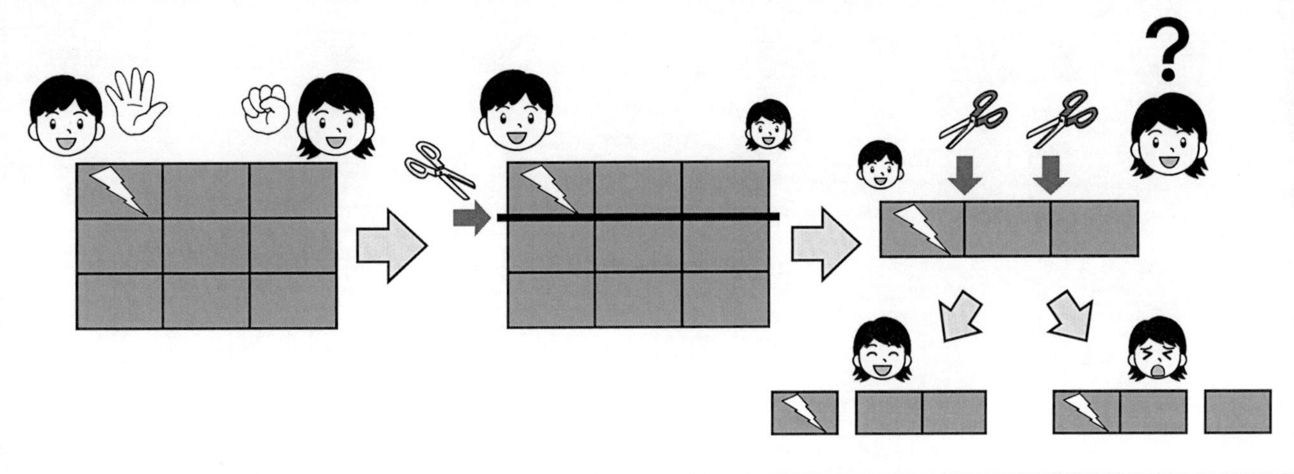

①

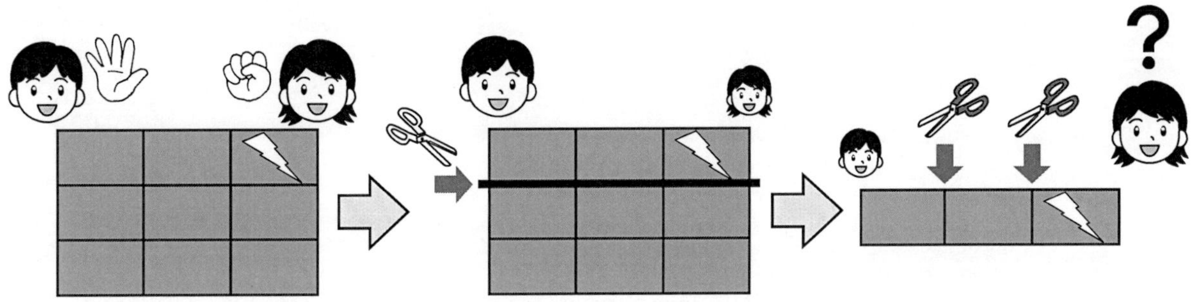

②

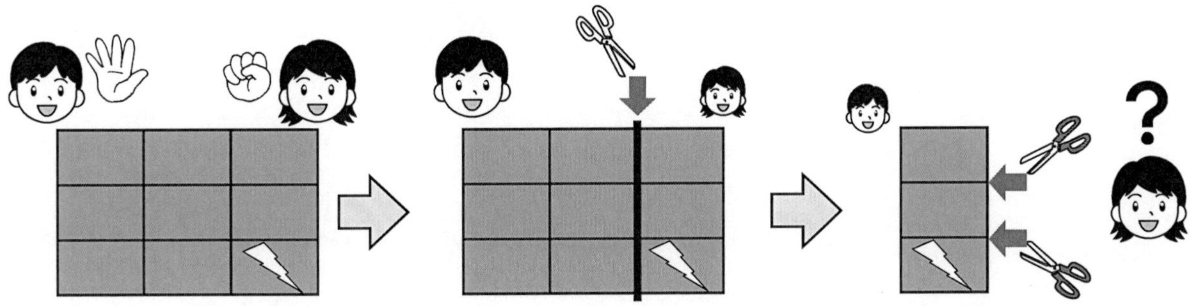

③

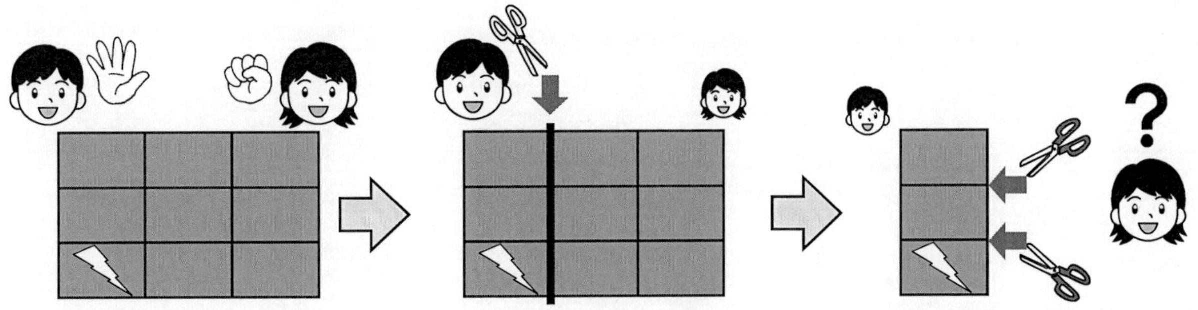

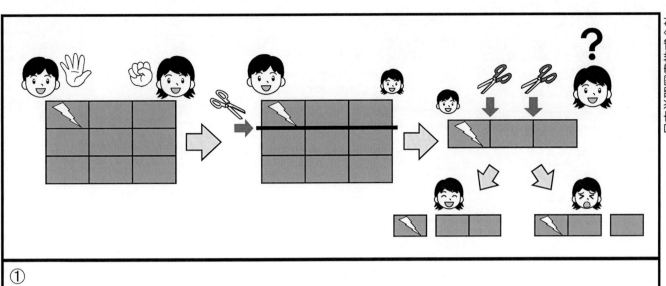

# 問題45－2

④

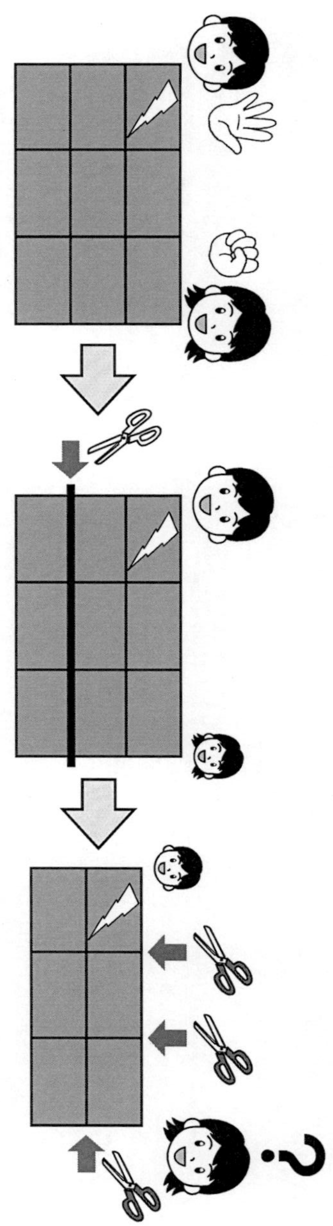

⑤

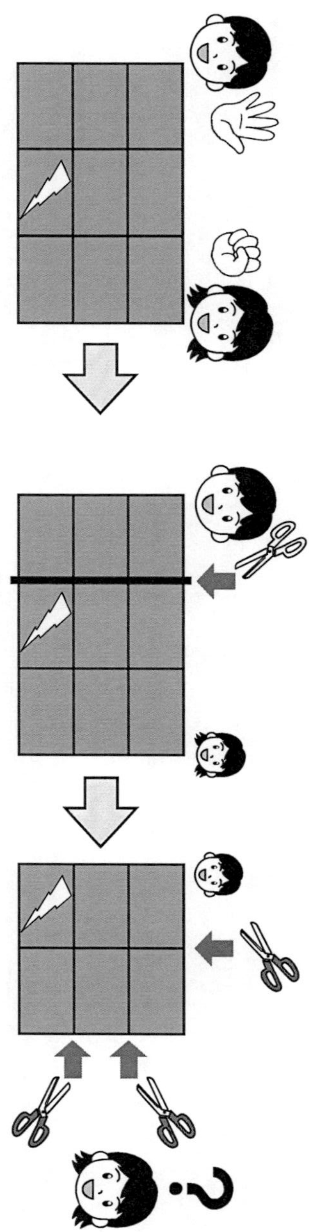

⑥

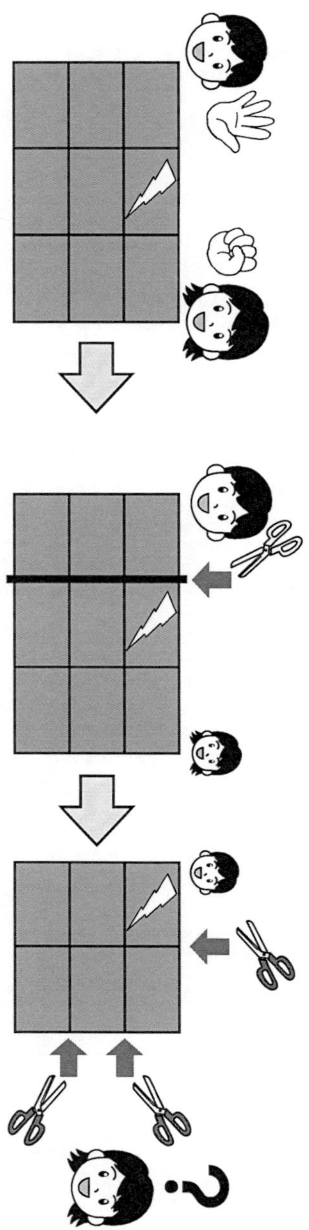

⑦

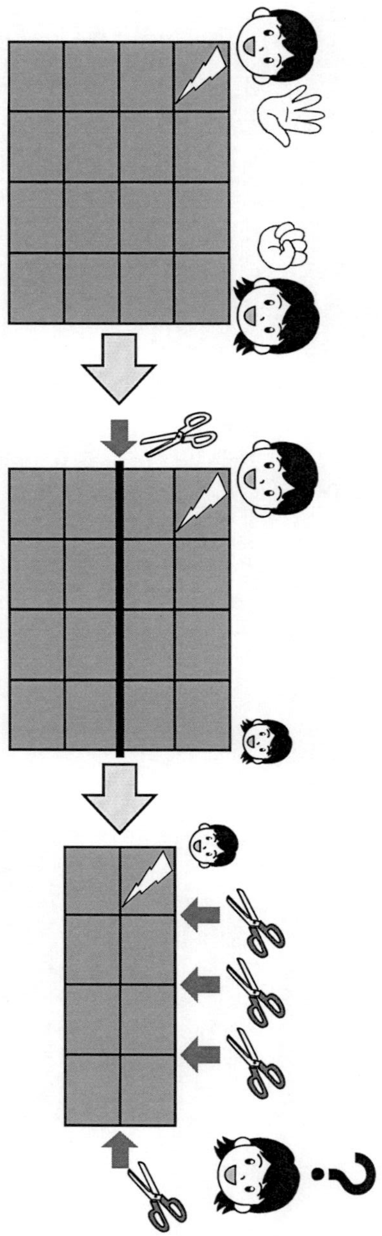



日本学習図書株式会社

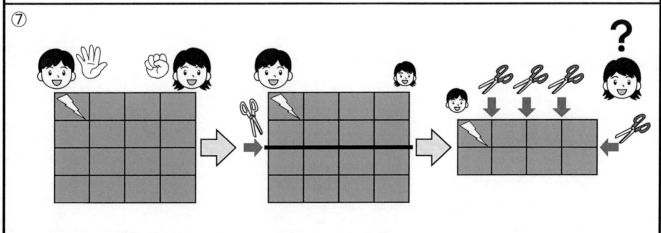

⑧

⑨

⑩

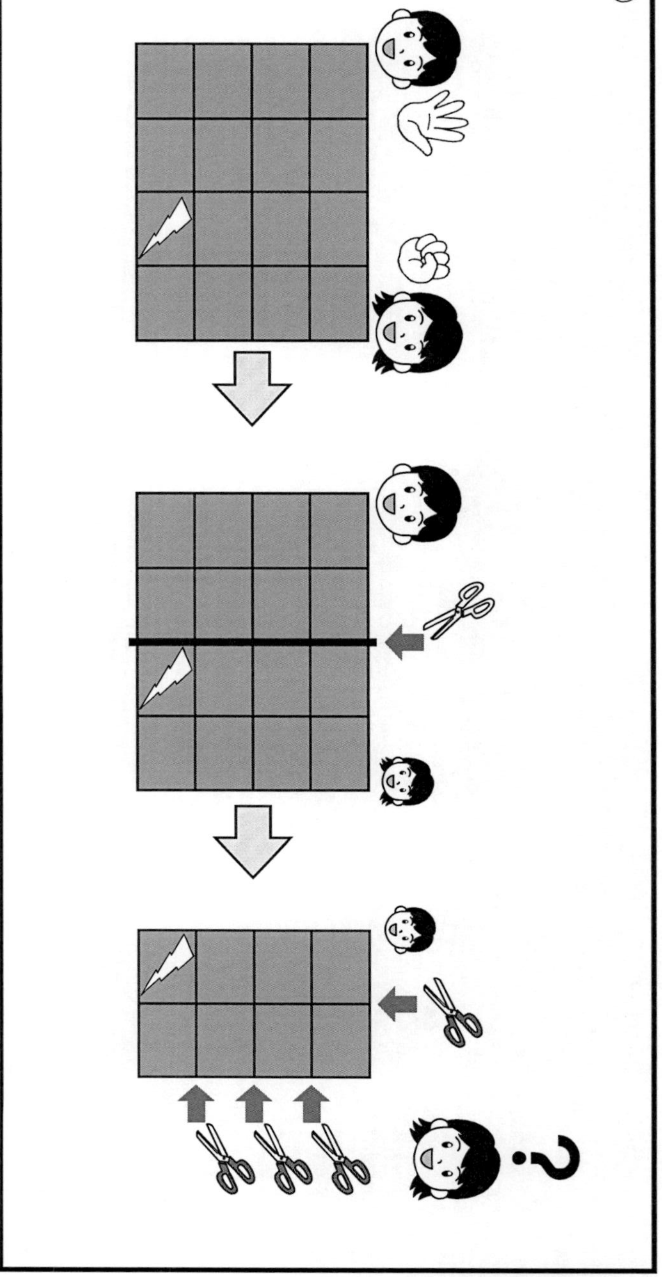

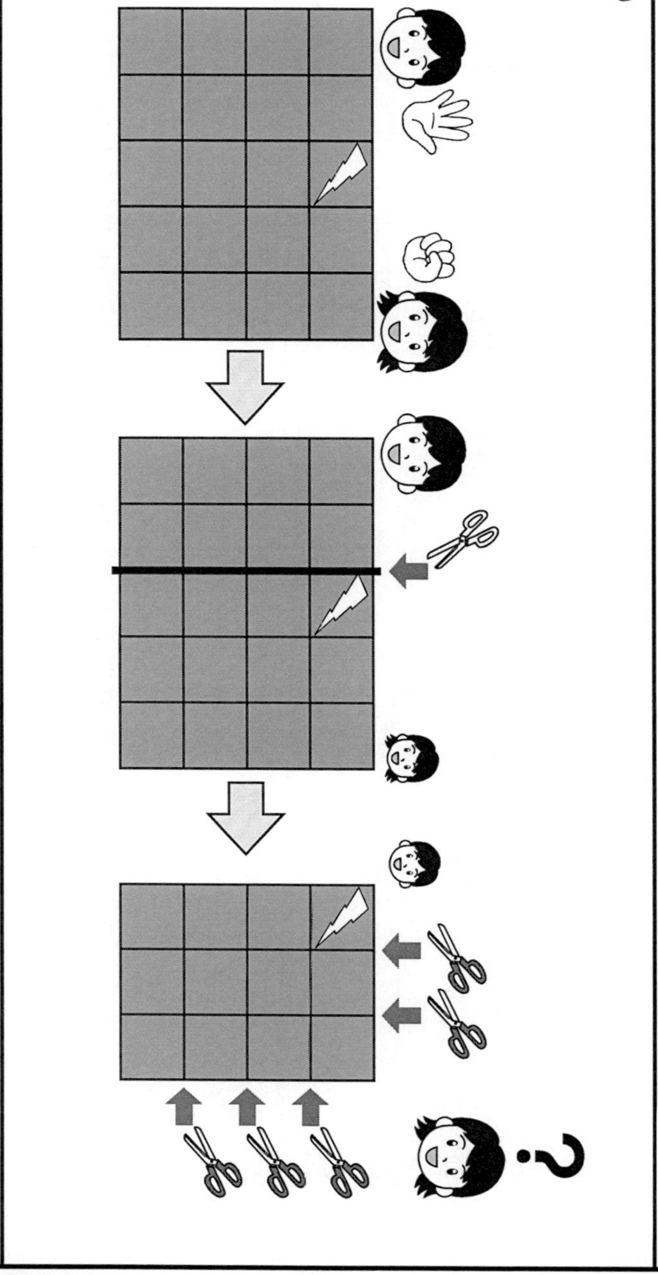

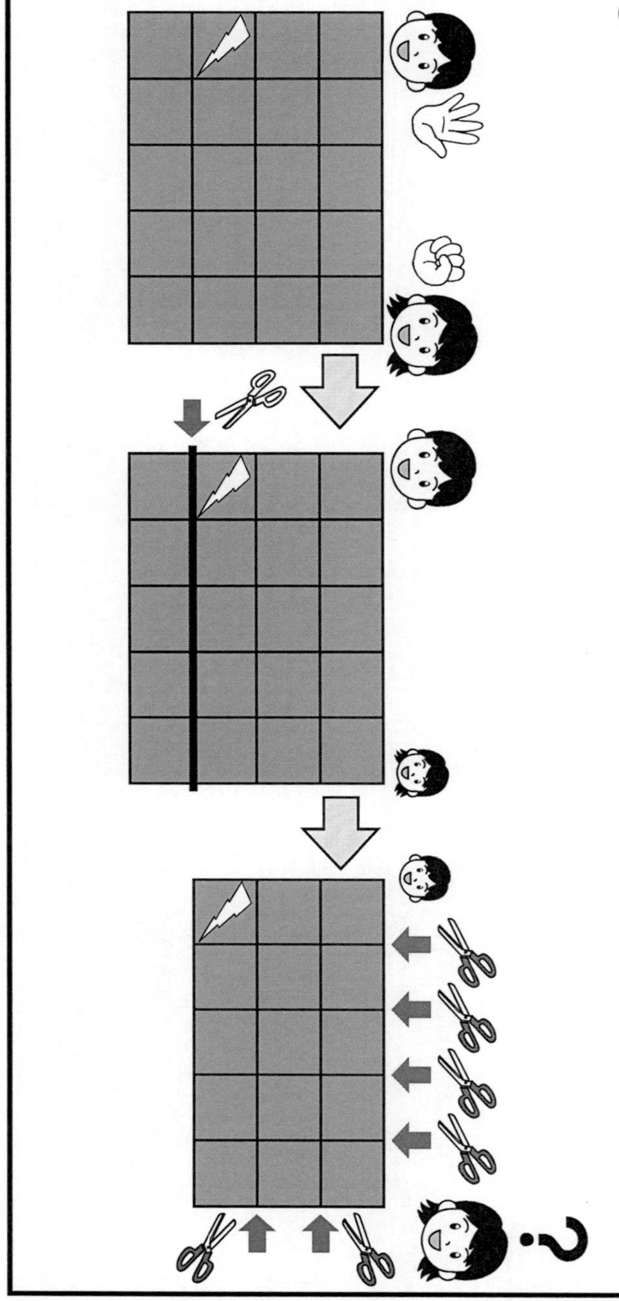

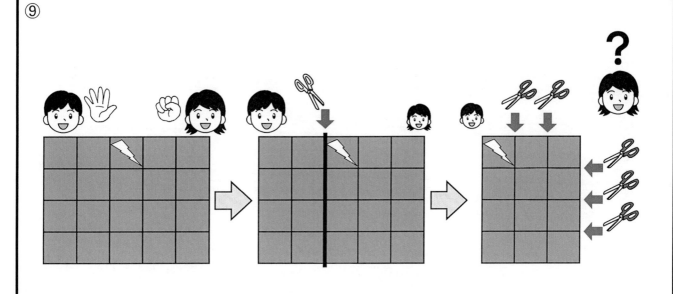

## 西武学園文理小学校　専用注文書

年　　月　　日

# 合格のための問題集ベスト・セレクション

**＊入試頻出分野ベスト３**

**1st 言　語**　語　彙　知　識

**2nd 推　理**　思考力　観察力

**3rd 記　憶**　聞く力　集中力

例年、当校独特の難問が数問出題されるので、しっかりと対策をしておいてください。ただし、基礎的な学習をした上での対策でなければ意味がないので、まずは基礎を固めるところから始めましょう。

| 分野 | 書　名 | 価格(税込) | 注文 | 分野 | 書　名 | 価格(税込) | 注文 |
|---|---|---|---|---|---|---|---|
| 図形 | Ｊｒ・ウォッチャー 5「回転・展開」 | 1,650 円 | 冊 | 図形 | Ｊｒ・ウォッチャー 46「回転図形」 | 1,650 円 | 冊 |
| 推理 | Ｊｒ・ウォッチャー 11「いろいろな仲間」 | 1,650 円 | 冊 | 図形 | Ｊｒ・ウォッチャー 48「鏡図形」 | 1,650 円 | 冊 |
| 常識 | Ｊｒ・ウォッチャー 12「日常生活」 | 1,650 円 | 冊 | 言語 | Ｊｒ・ウォッチャー 49「しりとり」 | 1,650 円 | 冊 |
| 数量 | Ｊｒ・ウォッチャー 14「数える」 | 1,650 円 | 冊 | 推理 | Ｊｒ・ウォッチャー 50「観覧車」 | 1,650 円 | 冊 |
| 言語 | Ｊｒ・ウォッチャー 17「言葉の音遊び」 | 1,650 円 | 冊 | 推理 | Ｊｒ・ウォッチャー 57「置き換え」 | 1,650 円 | 冊 |
| 言語 | Ｊｒ・ウォッチャー 18「いろいろな言葉」 | 1,650 円 | 冊 | 推理 | Ｊｒ・ウォッチャー 58「比較②」 | 1,650 円 | 冊 |
| 観察 | Ｊｒ・ウォッチャー 29「行動観察」 | 1,650 円 | 冊 | 言語 | Ｊｒ・ウォッチャー 60「言葉の音（おん）」 | 1,650 円 | 冊 |
| 推理 | Ｊｒ・ウォッチャー 31「推理思考」 | 1,650 円 | 冊 | 言語 | NEW ウォッチャーズ私立言語①② | 2,200 円 | 各　冊 |
| 推理 | Ｊｒ・ウォッチャー 33「シーソー」 | 1,650 円 | 冊 | 図形 | NEW ウォッチャーズ私立図形①② | 2,200 円 | 各　冊 |
| 常識 | Ｊｒ・ウォッチャー 34「季節」 | 1,650 円 | 冊 | | 面接テスト問題集 | 2,200 円 | 冊 |
| 図形 | Ｊｒ・ウォッチャー 35「重ね図形」 | 1,650 円 | 冊 | | 入試面接最強マニュアル | 2,200 円 | 冊 |
| 数量 | Ｊｒ・ウォッチャー 38「たし算・ひき算１」 | 1,650 円 | 冊 | | お話の記憶問題集 中級編・上級編 | 2,200 円 | 各　冊 |
| 数量 | Ｊｒ・ウォッチャー 39「たし算・ひき算２」 | 1,650 円 | 冊 | | 基礎力アップ１　聞く力・記憶力アップ | 1,650 円 | 冊 |
| 数量 | Ｊｒ・ウォッチャー 41「数の構成」 | 1,650 円 | 冊 | | 基礎力アップ２　スピードアップ | 1,650 円 | 冊 |

| 合計 | 冊 | 円 |
|---|---|---|

| | |
|---|---|
| （フリガナ）<br>氏　名 | 電　話<br>ＦＡＸ<br>E-mail |
| 住　所　〒　　　－ | 以前にご注文されたことはございますか。<br>有　・　無 |

★お近くの書店、または記載の電話・FAX・ホームページにてご注文をお受けしております。
　電話：03-5261-8951　FAX：03-5261-8953　代金は書籍合計金額＋送料がかかります。
　※なお、落丁・乱丁以外の理由による商品の返品・交換には応じかねます。

★ご記入頂いた個人に関する情報は、当社にて厳重に管理致します。なお、ご購入の商品発送の他に、当社発行の書籍案内、書籍に関する調査に使用させて頂く場合がございますので、予めご了承ください。

日本学習図書株式会社
https://www.nichigaku.jp

## 開智所沢小学校　専用注文書

年　　月　　日

# 合格のための問題集ベスト・セレクション

**＊入試頻出分野ベスト３**

| 1st　図　形 | 2nd　推　理 | 3rd　記　憶 |
|---|---|---|
| 観察力　思考力 | 思考力　観察力 | 聞く力　集中力 |

ユニークで集中力・応用力が問われる問題が出題されます。基礎をしっかり固めて、応用問題にも対応できる力をつけておきましょう。量をこなす体力も必要ですので対策をおすすめします。

| 分野 | 書　名 | 価格(税込) | 注文 | 分野 | 書　名 | 価格(税込) | 注文 |
|---|---|---|---|---|---|---|---|
| 図形 | Ｊｒ・ウォッチャー8「対称」 | 1,650円 | 冊 | 数量 | Ｊｒ・ウォッチャー43「数のやりとり」 | 1,650円 | 冊 |
| 図形 | Ｊｒ・ウォッチャー9「合成」 | 1,650円 | 冊 | 図形 | Ｊｒ・ウォッチャー46「回転図形」 | 1,650円 | 冊 |
| 図形 | Ｊｒ・ウォッチャー11「いろいろな仲間」 | 1,650円 | 冊 | 図形 | Ｊｒ・ウォッチャー48「鏡図形」 | 1,650円 | 冊 |
| 推理 | Ｊｒ・ウォッチャー15「比較」 | 1,650円 | 冊 | 言語 | Ｊｒ・ウォッチャー49「しりとり」 | 1,650円 | 冊 |
| 言語 | Ｊｒ・ウォッチャー17「言葉の音遊び」 | 1,650円 | 冊 | 推理 | Ｊｒ・ウォッチャー57「置き換え」 | 1,650円 | 冊 |
| 巧緻性 | Ｊｒ・ウォッチャー23「切る・貼る・塗る」 | 1,650円 | 冊 | 言語 | Ｊｒ・ウォッチャー60「言葉の音（おん）」 | 1,650円 | 冊 |
| 巧緻性 | Ｊｒ・ウォッチャー24「絵画」 | 1,650円 | 冊 | 図形 | NEWウォッチャーズ私立図形①② | 2,200円 | 各　冊 |
| 巧緻性 | Ｊｒ・ウォッチャー25「生活巧緻性」 | 1,650円 | 冊 | 数量 | NEWウォッチャーズ私立数量①② | 2,200円 | 各　冊 |
| 運動 | Ｊｒ・ウォッチャー28「運動」 | 1,650円 | 冊 | 推理 | NEWウォッチャーズ私立推理①② | 2,200円 | 各　冊 |
| 観察 | Ｊｒ・ウォッチャー29「行動観察」 | 1,650円 | 冊 | 推理 | 苦手克服問題集　推理 | 2,200円 | 冊 |
| 推理 | Ｊｒ・ウォッチャー31「推理思考」 | 1,650円 | 冊 | | お話の記憶問題集 中級編・上級編 | 2,200円 | 各　冊 |
| 推理 | Ｊｒ・ウォッチャー32「ブラックボックス」 | 1,650円 | 冊 | | 面接テスト問題集 | 2,200円 | 冊 |
| 数量 | Ｊｒ・ウォッチャー38「たし算・ひき算1」 | 1,650円 | 冊 | | 入試面接最強マニュアル | 2,200円 | 冊 |
| 数量 | Ｊｒ・ウォッチャー39「たし算・ひき算2」 | 1,650円 | 冊 | | 基礎力アップ2　スピードアップ | 1,650円 | 冊 |

| 合計 | 冊 | 円 |
|---|---|---|

| | |
|---|---|
| （フリガナ）<br>氏　名 | 電　話<br>ＦＡＸ<br>E-mail |
| 住　所　〒　　　－ | 以前にご注文されたことはございますか。<br>有　・　無 |

★お近くの書店、または記載の電話・FAX・ホームページにてご注文をお受けしております。
電話：03-5261-8951　FAX：03-5261-8953　代金は書籍合計金額＋送料がかかります。
※なお、落丁・乱丁以外の理由による商品の返品・交換には応じかねます。
★ご記入頂いた個人に関する情報は、当社にて厳重に管理致します。なお、ご購入の商品発送の他に、当社発行の書籍案内、書籍に関する調査に使用させて頂く場合がございますので、予めご了承ください。

日本学習図書株式会社
https://www.nichigaku.jp

# 分野別 小学入試練習帳 ジュニアウォッチャー

| | |
|---|---|
| 1．点・線図形 | 小学校入試で出題頻度の高い『点・線図形』の模写を、難易度の低いものから段階別に幅広く練習することができるように構成。 |
| 2．座標 | 図形の位置模写という作業を、難易度の低いものから段階別に練習できるように構成。 |
| 3．パズル | 様々なパズルの問題を難易度の低いものから段階別に練習できるように構成。 |
| 4．同図形探し | 小学校入試で出題頻度の高い、同図形選びの問題を繰り返し練習できるように構成。 |
| 5．回転・展開 | 図形などを回転、または展開したとき、形がどのように変化するかを学習し、理解を深められるように構成。 |
| 6．系列 | 数、図形などの様々な系列問題を、難易度の低いものから段階別に練習できるように構成。 |
| 7．迷路 | 迷路の問題を繰り返し練習できるように構成。 |
| 8．対称 | 対称に関する問題を４つのテーマに分類し、各テーマごとに問題を段階別に練習できるように構成。 |
| 9．合成 | 図形の合成に関する問題を、難易度の低いものから段階別に練習できるように構成。 |
| 10．四方からの観察 | もの（立体）を様々な角度から見て、どのように見えるかを推理する問題を段階別に整理し、１つの形式で複数の問題を練習できるように構成。 |
| 11．いろいろな仲間 | ものや動物、植物の共通点を見つけ、分類していく問題を中心に構成。 |
| 12．日常生活 | 日常生活における様々な問題を６つのテーマに分類し、各テーマごとに一つの問題形式で複数の問題を練習できるように構成。 |
| 13．時間の流れ | 『時間』に着目し、様々なものごとは、時間が経過するとどのように変化するのかということを学習し、理解できるように構成。 |
| 14．数える | 様々なものを『数える』ことから、数の多少の判定やかけ算、わり算の基礎までを練習できるように構成。 |
| 15．比較 | 比較に関する問題を５つのテーマ（数、高さ、長さ、量、重さ）に分類し、各テーマごとに問題を段階別に練習できるように構成。 |
| 16．積み木 | 数える対象を積み木に限定した問題集。 |
| 17．言葉の音遊び | 言葉の音に関する問題を５つのテーマに分類し、各テーマごとに問題を段階別に練習できるように構成。 |
| 18．いろいろな言葉 | 表現力をより豊かにするいろいろな言葉として、擬態語や擬声語、同音異義語、反意語、数詞を取り上げた問題集。 |
| 19．お話の記憶 | お話を聴いてその内容を記憶、理解し、設問に答える形式の問題集。 |
| 20．見る記憶・聴く記憶 | 「見て憶える」「聴いて憶える」という『記憶』分野に特化した問題集。 |
| 21．お話作り | いくつかの絵を元にしてお話を作る練習をして、想像力を養うことができるように構成。 |
| 22．想像画 | 描かれてある形や景色に好きな絵を描くことにより、想像力を養うことができるように構成。 |
| 23．切る・貼る・塗る | 小学校入試で出題頻度の高い、はさみやのりなどを用いた巧緻性の問題を繰り返し練習できるように構成。 |
| 24・絵画 | 小学校入試で出題頻度の高い、お絵かきやぬり絵などクレヨンやクーピーペンを用いた巧緻性の問題を繰り返し練習できるように構成。 |
| 25．生活巧緻性 | 小学校入試で出題頻度の高い日常生活の様々な場面における巧緻性の問題集。 |
| 26．文字・数字 | ひらがなの清音、濁音、拗音、拗長音、促音と１～20までの数字に焦点を絞り、練習できるように構成。 |
| 27．理科 | 小学校入試で出題頻度が高くなりつつある理科の問題を集めた問題集。 |
| 28．運動 | 出題頻度の高い運動問題を種目別に分けて構成。 |
| 29．行動観察 | 項目ごとに問題提起をし、「このような時はどうか、あるいはどう対処するのか」の観点から問いかける形式の問題集。 |
| 30．生活習慣 | 学校から家庭に提起された問題と思って、一問一問絵を見ながら話し合い、考える形式の問題集。 |

| | |
|---|---|
| 31．推理思考 | 数、量、言語、常識（含理科、一般）など、諸々のジャンルから問題を構成し、近年の小学校入試問題傾向に沿って構成。 |
| 32．ブラックボックス | 箱や筒の中を通ると、どのようなお約束でどのように変化するかを推理・思考する問題集。 |
| 33．シーソー | 重さの違うものをシーソーに乗せた時どちらに傾くのか、またどうすればシーソーは釣り合うのかを思考する基礎的な問題集。 |
| 34．季節 | 様々な行事や植物などを季節別に分類できるように知識をつける問題集。 |
| 35．重ね図形 | 小学校入試で頻繁に出題されている「図形を重ね合わせてできる形」についての問題を集めました。 |
| 36．同数発見 | 様々な物を数え「同じ数」を発見し、数の多少の判断や数の認識の基礎を学べるように構成した問題集。 |
| 37．選んで数える | 数の学習の基本となる、いろいろなものの数を正しく数える学習を行う問題集。 |
| 38．たし算・ひき算１ | 数字を使わず、たし算とひき算の基礎を身につけるための問題集。 |
| 39．たし算・ひき算２ | 数字を使わず、たし算とひき算の基礎を身につけるための問題集。 |
| 40．数を分ける | 数を等しく分ける問題です。等しく分けたときに余りが出るものもあります。 |
| 41．数の構成 | ある数がどのような数で構成されているか学んでいきます。 |
| 42．一対多の対応 | 一対一の対応から、一対多の対応まで、かけ算の考え方の基礎学習を行います。 |
| 43．数のやりとり | あげたり、もらったり、数の変化をしっかりと学びます。 |
| 44．見えない数 | 指定された条件から数を導き出します。 |
| 45．図形分割 | 図形の分割に関する問題集。パズルや合成の分野にも通じる様々な問題を集めました。 |
| 46．回転図形 | 「回転図形」に関する問題集。やさしい問題から始め、いくつかの代表的なパターンから、段階を踏んで学習できるよう編集されています。 |
| 47．座標の移動 | 「マス目の指示通りに移動する問題」と「指示された数だけ移動する問題」を収録。 |
| 48．鏡図形 | 鏡で左右反転させた時の見え方を考えます。平面図形から立体図形、文字、絵まで。 |
| 49．しりとり | すべての学習の基礎となる「言葉」を学ぶこと、特に「語彙」を増やすことに重点をおき、さまざまなタイプの「しりとり」問題を集めました。 |
| 50．観覧車 | 観覧車やメリーゴーラウンドなどを舞台にした「回転系列」の問題集。「推理思考」分野の問題ですが、要素として「図形」や「数量」も含みます。 |
| 51．運筆① | 鉛筆の持ち方を学び、点線なぞり、お手本を見ながらの模写で、線を引く練習をします。 |
| 52．運筆② | 運筆①からさらに発展し、「欠所補完」や「迷路」などを楽しみながら、より複雑な鉛筆運びを習得することを目指します。 |
| 53．四方からの観察 積み木編 | 積み木を使用した「四方からの観察」に関する問題を練習できるように構成。 |
| 54．図形の構成 | 見本の図形がどのような部分によって形づくられているかを考えます。 |
| 55．理科② | 理科的知識に関する問題を集中して練習する「常識」分野の問題集。 |
| 56．マナーとルール | 道路や駅、公共の場でのマナー、安全や衛生に関する常識を学べるように構成。 |
| 57．置き換え | さまざまな具体的・抽象的事象を記号で表す「置き換え」の問題を扱います。 |
| 58．比較② | 長さ・高さ・体積・数などを数学的な知識を使わず、論理的に推測する「比較」の問題を練習できるように構成。 |
| 59．欠所補完 | 線と線のつながり、欠けた絵に当てはまるものなどを求める「欠所補完」に取り組める問題集です。 |
| 60．言葉の音（おん） | しりとり、決まった順番の音をつなげるなど、「言葉の音」に関する問題に取り組める練習問題集です。 |

図書カード 1000 円分プレゼント

ご記入日　　年　月　日

# ☆国・私立小学校受験アンケート☆

※可能な範囲でご記入下さい。選択肢は○で囲んで下さい。

〈小学校名〉＿＿＿＿＿＿＿＿＿＿　〈お子さまの性別〉男・女　〈誕生月〉＿＿月

〈その他の受験校〉（複数回答可）＿＿＿＿＿＿＿＿＿＿＿＿＿＿＿＿

〈受験日〉①：＿＿月＿＿日　〈時間〉＿＿時＿＿分　～　＿＿時＿＿分

②：＿＿月＿＿日　〈時間〉＿＿時＿＿分　～　＿＿時＿＿分

〈受験者数〉　男女計＿＿名　（男子＿＿名　女子＿＿名）

〈お子さまの服装〉＿＿＿＿＿＿＿＿＿＿＿＿＿＿＿＿

〈入試全体の流れ〉（記入例）準備体操→行動観察→ペーパーテスト

＿＿＿＿＿＿＿＿＿＿＿＿＿＿＿＿＿＿＿＿＿＿＿＿

**Eメールによる情報提供**

日本学習図書では、Eメールでも入試情報を募集しております。

下記のアドレスに、アンケートの内容をご入力の上、メールをお送り下さい。

**ojuken@nichigaku.jp**

## ●行動観察　（例）好きなおもちゃで遊ぶ・グループで協力するゲームなど

〈実施日〉＿＿月＿＿日　〈時間〉＿＿時＿＿分　～　＿＿時＿＿分　〈着替え〉□有　□無

〈出題方法〉　□肉声　□録音　□その他（　　　　　）　〈お手本〉□有　□無

〈試験形態〉　□個別　□集団（　　　人程度）　〈会場図〉

〈内容〉

□自由遊び

＿＿＿＿＿＿＿＿＿＿＿＿＿＿＿＿＿＿＿＿

□グループ活動

＿＿＿＿＿＿＿＿＿＿＿＿＿＿＿＿＿＿＿＿

□その他

＿＿＿＿＿＿＿＿＿＿＿＿＿＿＿＿＿＿＿＿

## ●運動テスト（有・無）　（例）跳び箱・チームでの競争など

〈実施日〉＿＿月＿＿日　〈時間〉＿＿時＿＿分　～　＿＿時＿＿分　〈着替え〉□有　□無

〈出題方法〉　□肉声　□録音　□その他（　　　　　）　〈お手本〉□有　□無

〈試験形態〉　□個別　□集団（　　　人程度）　〈会場図〉

〈内容〉

□サーキット運動

□走り　□跳び箱　□平均台　□ゴム跳び

□マット運動　□ボール運動　□なわ跳び

□クマ歩き

□グループ活動＿＿＿＿＿＿＿＿＿＿＿＿＿＿＿＿

□その他＿＿＿＿＿＿＿＿＿＿＿＿＿＿＿＿＿＿

## ●知能テスト・口頭試問

〈実施日〉＿＿月＿＿日 〈時間〉＿＿時＿＿分 ～ ＿＿時＿＿分 〈お手本〉□有 □無

〈出題方法〉 □肉声 □録音 □その他（　　　　　） 〈問題数〉＿＿枚 ＿＿問

| 分野 | 方法 | 内　容 | 詳細・イラスト |
|---|---|---|---|
| (例)<br>お話の記憶 | ☑筆記<br>□口頭 | 動物たちが待ち合わせをする話 | (あらすじ)<br>動物たちが待ち合わせをした。最初にウサギさんが来た。次にイヌくんが、その次にネコさんが来た。最後にタヌキくんが来た。<br>(問題・イラスト)<br>３番目に来た動物は誰か  |
| お話の記憶 | □筆記<br>□口頭 | | (あらすじ)<br><br>(問題・イラスト) |
| 図形 | □筆記<br>□口頭 | | |
| 言語 | □筆記<br>□口頭 | | |
| 常識 | □筆記<br>□口頭 | | |
| 数量 | □筆記<br>□口頭 | | |
| 推理 | □筆記<br>□口頭 | | |
| その他 | □筆記<br>□口頭 | | |

## ●制作　（例）ぬり絵・お絵かき・工作遊びなど

〈実施日〉＿＿月＿＿日〈時間〉＿＿時＿＿分　～　＿＿時＿＿分

〈出題方法〉　□肉声　□録音　□その他（　　　　　）〈お手本〉□有　□無

〈試験形態〉　□個別　□集団（　　　人程度）

| 材料・道具 | 制作内容 |
| --- | --- |
| □ハサミ<br>□のり（□つぼ　□液体　□スティック）<br>□セロハンテープ<br>□鉛筆　□クレヨン（　色）<br>□クーピーペン（　色）<br>□サインペン（　色）□<br>□画用紙（□ A4　□ B4　□ A3<br>□その他：　　　　　）<br>□折り紙　□新聞紙　□粘土<br>□その他（　　　　　） | □切る　□貼る　□塗る　□ちぎる　□結ぶ　□描く　□その他（　　　　　）<br>タイトル：＿＿＿＿＿＿＿＿ |

## ●面接

〈実施日〉＿＿月＿＿日〈時間〉＿＿時＿＿分　～　＿＿時＿＿分〈面接担当者〉＿＿名

〈試験形態〉□志願者のみ（　　）名　□保護者のみ　□親子同時　□親子別々

〈質問内容〉

□志望動機　□お子さまの様子

□家庭の教育方針

□志望校についての知識・理解

□その他（　　　　　　　　　）

（　詳　細　）

・

・

・

・

※試験会場の様子をご記入下さい。

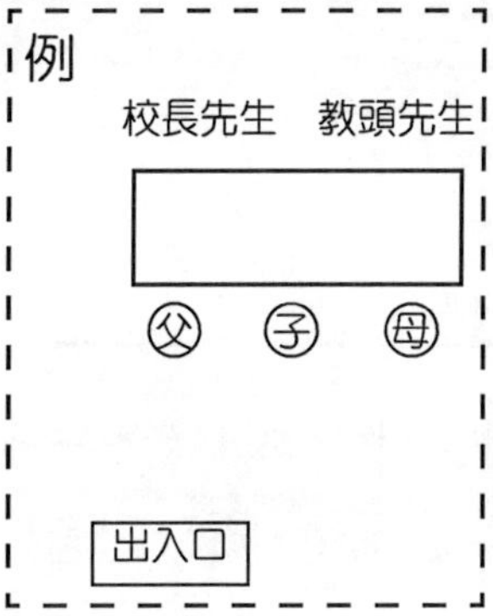


## ●保護者作文・アンケートの提出（有・無）

〈提出日〉　□面接直前　□出願時　□志願者考査中　□その他（　　　　　　）

〈下書き〉　□有　□無

〈アンケート内容〉

（記入例）当校を志望した理由はなんですか（150 字）

●説明会（□有　□無）〈開催日〉　　月　　日〈時間〉　　時　　分　～　　時　　分

〈上履き〉　□要　□不要　〈願書配布〉　□有　□無　〈校舎見学〉　□有　□無

〈ご感想〉

●参加された学校行事（複数回答可）

公開授業〈開催日〉　　月　　日〈時間〉　　時　　分　～　　時　　分

運動会など〈開催日〉　　月　　日〈時間〉　　時　　分　～　　時　　分

学習発表会・音楽会など〈開催日〉　　月　　日〈時間〉　　時　　分　～　　時　　分

〈ご感想〉

※是非参加したほうがよいと感じた行事について

●受験を終えてのご感想、今後受験される方へのアドバイス

※対策学習（重点的に学習しておいた方がよい分野）、当日準備しておいたほうがよい物など

＊＊＊＊＊＊＊＊＊＊＊＊＊　ご記入ありがとうございました　＊＊＊＊＊＊＊＊＊＊＊＊＊

**必要事項をご記入の上、ポストにご投函ください。**

なお、本アンケートの送付期限は入試終了後３ヶ月とさせていただきます。また、入試に関する情報の記入量が当社の基準に満たない場合、謝礼の送付ができないことがございます。あらかじめご了承ください。

ご住所：〒

お名前：　　　　　メール：

TEL：　　　　　FAX：

ご記入頂いた個人に関する情報は、当社にて厳重に管理致します。弊社の個人情報取り扱いに関する詳細は、www.nichigaku.jp/policy.php の「個人情報の取り扱い」をご覧下さい。

## 家庭学習をトータルサポート！ ニチガクのオリジナル 効果的 学習法

### 1 まずはアドバイスページを読む！

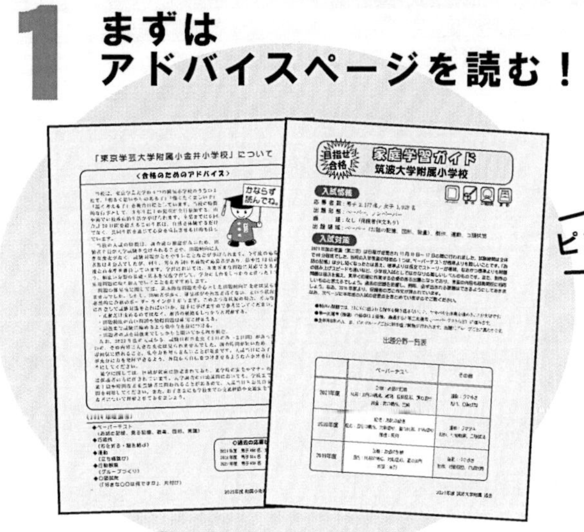


対策や試験ポイントがぎっしりつまった「家庭学習ガイド」。分野アイコンで、試験の傾向をおさえよう！

### 2 問題をすべて読み、出題傾向を把握する

### 3 「アドバイス」で学校側の観点や問題の解説を熟読

### 4 はじめて過去問題にチャレンジ！

### 5 プラスα 対策問題集や類題で力を付ける

## 過去問のこだわり

ピンク色です

最新問題は問題ページ、イラストページ、解答・解説ページが独立しており、お子さまにすぐに取り掛かっていただける作りになっています。
ニチガクの学校別問題集ならではの、学習法を含めたアドバイスを利用して効率のよい家庭学習を進めてください。

各問題のジャンル

**問題4** 分野：系列

〈準備〉 クーピーペン（赤）

〈問題〉 左側に並んでいる３つの形を見てください。真ん中の抜けているところには右側のどの四角が入ると繋がるでしょうか。右側から探して○を付けてください。

〈時間〉 30秒

〈解答〉 ①真ん中　②右　③左

**アドバイス**

複雑な系列の問題です。それぞれの問題がどのような約束で構成されているのか確認をしましょう。この約束が理解できていないと問題を解くことができません。また、約束を見つけるとき、一つの視点、考えに固執するのではなく、色々と着眼点を変えてとらえるようにすることで発見しやすくなります。この問題では、①と②は中の模様が右の方へまっすぐ1つずつ移動しています。③は4つの矢印が右の方へ回転して1つずつ移動しています。それぞれ移動のし方が違うことに気が付きましたでしょうか。系列にも様々な出題がありますので、このような系列の問題も学習しておくことをおすすめ致します。系列の問題は、約束を早く見つけることがポイントです。

【おすすめ問題集】
Ｊｒ・ウォッチャー６「系列」

### アドバイス

各問題の解説や学校の観点、指導のポイントなどを教えます。
今日から保護者の方が家庭学習の先生に！

### おすすめ対策問題集

分野ごとに対策問題集をご紹介。苦手分野の克服に最適です！
＊専用注文書付き。

2025年度版　西武学園文理小学校
開智所沢小学校　過去問題集

発行日　2024年5月30日
発行所　〒162-0821 東京都新宿区津久戸町 3-11-9F
日本学習図書株式会社
電　話　03-5261-8951 ㈹


ISBN978-4-7761-5570-6
C6037 ¥2100E
9784776155706
定価 2,310 円
(本体 2,100 円 + 税 10%)
1926037021001

詳細は https://www.nichigaku.jp　日本学習図書　検索